张鸣说历史

重说中国古代史

张鸣◎著

群言出版社
Qunyan Press
·北京·

序　言

自打会写字开始，就知道说出来的话、写出来的文字是可以带来祸端的。那时正好赶上文革，眼见得周围好些大人，仅仅因为一句话，或者书信和日记里的文字就进了牛棚，有的还因此死掉。但是，对当时的我而言，没有别的选择，作为一个出身不好的狗崽子，父母都进了牛棚，在学校里生存太难。人家需要大批判稿，需要出板报，看上你了，要你做贡献，你不写也得写。每日里写写画画，周围人对你都客气了不少，高看了不止一眼。所以，明知道这样有风险，但是还是得做，不做，一天都混不下去，成天挨揍。

后来林彪出事之后，革命的空气淡了许多，我的文字空间，不仅有大批判稿件，还有了文艺晚会上的作品，什么对口词、三句半，后来连话剧和相声都有了。周围同学对我，居然有了一点嫉妒。从表面上看，我这个出身不好的狗崽子，居然很红。领导和老师，对我都很客气。学校里密藏的书籍，其他的学生不许看，但我可以随便读。老师出差了，课就由我代上。随后在我所在的黑龙江生产建设兵团四师进行的唯一一次全师通考中，我的作文得了全师第一，分数远远超过第二名。当然，后来不久就被告知，这场考试属于资产阶级教育路线的回潮。

人一得意，难免就有点忘乎所以。有些话，公开不敢说，但私下里就说了。林彪事件出来之后，引发了好些人对文革的怀疑，我当时虽然年纪不大，才十四岁，但也有了一点想法。觉得文革不见得那么伟光正，不然，怎么连副统帅都出事了，而且是大事，居然要谋害伟大领袖。这样的话，在反击回潮的时候被人揭发，于是，我就挨斗了。从爹娘被斗，到自己挨斗，是一个飞跃，倒霉的飞跃。惹祸的原因，当然是自己的嘴，加上自己的一支笔。

但是，那个岁月，毕竟已经过去了。尽管当今之时，我写了太多的东西，好些在某些人看来，都是应该让我进监狱挨枪毙的。但是，有这样想法的人，比起当年来，毕竟是少多了。所以，至今我还在安然无恙地教书、带学生、写文章。历史是我的酷爱，读史料，是我的最大的消遣，读了，就会有感觉，有感觉，我就要写。一篇篇有感而发的文字，是对是错我不管，人生在世，不是为了专门说对的话才长这张嘴，才能写字的。况且，所谓对与错，无非是人的判断，谁真的有资格做人说话写字的法官呢？这个世界，不需要这样的法官，有了这样的法官，百姓的日子就不好过了。

所以，在今后的岁月里，只要我活着，还是会写，用写来证实自己的存在，即使有风险，也还是写。没打算做行尸走肉，像猪一样活着，那样的活，比死了还难受。

张 鸣

目录

人不任性枉称帝

做皇帝的，最得意的境界，做之君，做之亲，做之师。既是臣民百姓的君主，又是他们的爹娘，还是他们的老师。天下五达尊，天、地、君、亲、师，除了天地之外，包圆。

当官——上上下下地折腾

自古以来，领导只要是个明白人，都得用能人，品质好的能人。但前提是，必须得让他放心。

书海宦海两浮沉的文人

对于那些权倾天下的大牛人来说，读书人的用处，第一，是出谋划策；第二，就是拍马屁。牛人越是牛，第二项工作，就越是重要。

武将的战场谁做主

做鹰犬的，下场都差不多，或早或晚，都要进汤锅，但鹰犬永远也绝迹不了。即使你告诉人们这个道理，依旧会有人做鹰犬，为皇帝的事业，奋不顾身。

他和她，一言难尽的千古风流

从女将军到女丈夫，那个时代，女人要想在男人的世界里露个脸，可真难，都快变性了。

变法者，王朝里的“革命”先锋

士大夫做好人，下人就有可能跟着，你不爱钱，我也不爱。你有尊严，我也讲究。士大夫的榜样作用，也就出来了。

末代王朝的戏里春秋

皇帝也是人，自己找乐子，其实也无不可。但是，光顾着找乐子，大事不办，恐怕不行。稍不留神，手下的武人就会造反，那时候，不仅乐子没了，连脑袋都没了。

官场就是这么回事儿

清官，是官场的招牌，也是皇帝给民众的迷魂药碗，只要不到最后关头，是不会轻易砸了的。

人不任性枉称帝

做皇帝的，最得意的境界，做之君，做之亲，做之师。既是臣民百姓的君主，又是他们的爹娘，还是他们的老师。天下五达尊，天、地、君、亲、师，除了天地之外，包圆。

焚坑之事没商量

先秦法家，到了韩非这里，已经演变成绝对君主主义，大有“三忠于、四无限”的味道。所以，奉献了学说之后，在深爱其学说的秦王嬴政这里，他也只能死了，好让他至死忠于嬴政一个，别便宜了别人。秦统一之后，韩非子的信徒李斯推动秦始皇焚书坑儒，也是应有之义。战国时的儒家，信奉的是君臣相对主义，君当臣为国士，臣才能为君效命，如果君主待臣如草芥，那么臣子也可以当君主如仇寇。所以，韩非子非儒，因为儒以文乱法，坏了尊君的规矩。那么，找个借口把讨人嫌的儒生坑掉，自然是令他们快意之事。

但是，坑儒是在焚书之后的一年发生的，主导者是皇帝，不是丞相。事情的缘起，不是儒生议政——对皇帝的政策说三道四，而是姓卢姓侯的两个宝贝，为秦始皇找仙药，花了皇帝不少银子，结果当然找不到，溜之乎也。开溜之前，还放出话来，讽刺了皇帝几句。联想起徐福带了三千童男童女、大批的物资出海找神仙，也一去不返。被骗惨了的秦始皇，不由得不怒。卢、侯两位，无疑都是读书人，但到底是方士还是儒生，已经无从考证。我们知道的结果是，秦始皇盛怒之下，抓不到该抓的，就拿他们的同类出气。三木之下，严刑拷打。诸生转相告引，牵连多至四百六十余人，一并都给坑了。后来又抓的，还稍微客气点，都给发配了。这些人里，肯定有儒生，但整的重点却是方士。后世说坑儒，实际上是夸张，这个夸张，是受前一年焚书的影响，因为焚书的重点，是跟儒家有关的诗书和史书。再加上，后世儒生是所谓读书人的代名词，但在当年，并不是这样的。

孔夫子当年，是敬鬼神而远之的，后辈门徒，居然被骗钱的方士牵连，大批丢了性命，多少有点冤枉。但是，只要秦朝存活一天，儒家之徒的日子肯定不会好过。春秋战国之际，儒墨号称显学，但最终都没有显过法家。法家其实是从儒家脱胎而来的，但这个恶胚胎，长大之后，居然欺师灭祖，把儒家当敌对势力对待。只是，在焚书坑儒的政策里，焚书才是重点，坑儒，不过是一个点缀。

当年焚书，针对两类。一、史书，除了秦国史之外，全烧；二、诗书百家语，不仅烧，而且今后不许人提及。谈及历史，就是以古非今，要族灭。谈起诗书百家语，则弃市（杀掉弃之于市，示众）。所以，读书人即使没有被坑，也没有被发配，肯定也不能靠自己的知识过活了。春秋以来将近五百年的私学传统，到了秦朝被迫中断。读书人唯一的出路，是学点技术，医药、卜筮、种树。再就是学法律，还只能放下架子，跟着官吏学。

所以，坑掉的那四百六十个人，只能算秦朝文化禁锢政策的一点无意之中的补充，更多的是为秦始皇泄愤，泄对那些骗人的方士的愤。从这个意义上说，1949 年以后，好些为秦始皇辩白的学者，说的也不完全错。相对于坑儒而言，烧书的危害显然要大得多。对于诸子百家和各国史书，伤害尤其明显。儒家经典，儒生是可以背诵的，即使文字版被烧掉，凭着记忆，也可以写出来。但春秋以来流传下来的各种书籍，在没有印刷术之前，每每有各种各样的抄本，人们也不大可能把它们都背诵记熟。

而且竹简形式的书籍，收藏不易，隐藏更不易。秦朝拥有一直延伸到乡一级的政府，有如狼似虎的官吏，只要政府令下，这些书的大部，肯定就给毁了。保留在皇家图书馆的抄本，虽然还在，但秦末大乱，项羽进咸阳，也付之一炬。

烧书，杀人，都是为了毁掉民间讲学的传统，进而毁掉春秋以来的文化。仅仅在法令学习的意义上，恢复过去的王官之学的面目。从此而后，只有官府才有书，书只是法律书，想学，只能跟官吏学法令，进而成为预备官吏。所以，秦人就业，除了农工商之外，还有“学为吏”一途。除此之外，就是做医卜，靠治病打卦混日子了。

这样的社会，当然特别没劲儿。不仅对先秦之世是一种大反动，就是对于秦自己之前的社会，也是倒退。因为，连吕不韦的《吕氏春秋》，此时也不能读了。幸亏秦朝二世而亡，否则，读书人这样过日子，岂不是跟蹲监狱差不多了？当然，在暴政的高压之下，这样的日子也是能过的。因为，坐牢受刑的担忧，已经压过了日子本身的枯燥。

淮南王的故事

读《史记》如读小说，轻松、好玩，而且耐人寻味。沛县的混混刘邦得了天下，封了诸王，异姓的倒是有几个有名的，还都让他给废了，立个臭规矩，非刘氏不王。可是，自家孩子封的王，大抵籍籍无名，都是混吃等死的主儿，唯一例外的是淮南王。

第一任淮南王刘长，说起来有点来路不明。他的母亲，原是汉初异姓王赵王张敖的美人，诸姬妾之一。后来刘邦过境，张敖为了拍刘邦的马屁，把美人送给刘邦侍寝。这样的事，此前有，此后也没断了。但凡款待牛人或者上司，送个美人给尝尝鲜，就跟送金银玉帛一样的稀松平常。牛人睡过之后，扬长而去，就当什么事也没发生。这样人肉礼物，可以送张三，也可以送李四，当然也可以自己享用。所以，即使有了孩子，也未必能知道是谁的。那年月又没有DNA鉴定，谁能说得清？但是，张敖的美人，自打刘邦睡过之后，居然怀孕了，而被张敖断定为刘邦的种，不再染指，供了起来，直到生下龙子，或者他认为的龙子。等到赵王张敖连同妻妾一并被刘邦找碴儿收了，这事被有司得知，汇报上来，刘邦也不加理会，显然是不大相信。美人的兄弟，托关系找到吕后身边的宠臣审食其。审食其将此事告诉了吕后，吕后当然不会喜欢刘邦身边再多一个美女，一言不发，审食其当然也就只好算了。没想到，这个就跟刘邦睡了一觉的美人，居然愤而自杀。她这一死，让刘邦相信了这个孩子可能真的是他留的种。于是，刘邦就又多了一个儿子刘长。待到原来的淮南王英布被刘邦逼反灭掉，刘长就成了淮南王。

这个刘长，幼年丧母，但却长得很结实，力气好大，能扛鼎，估计也喜欢舞枪弄棒的。对他娘的死，一直耿耿于怀。其实，他娘的死，该赖他的爹。但那时的人怎么敢恨自己的父亲，于是就迁怒于辟阳侯审食其。长大以后，已经是汉文帝的天下了，一日，他袖里藏着一枚铁椎，找上审食其的门去。光天化日之下一椎就将一位侯爷给打倒，然后让从人将脑袋割下，接着大模大样地到皇帝那儿去请罪。说是请罪，却说了一大串审食其的罪过。这个刘长，见了皇帝不称陛下，只叫大兄弟。这个皇帝，还能把他怎么样呢？只好打发他回家了。

这样的惯法，任是好人也惯坏了。不久，就传来淮南王僭用天子仪仗，擅为法令，进而谋反的消息。诸大臣一致要求处以极刑，汉文帝法外开恩，只是给他发配了。封在一辆大车里，直奔目的地，途中不许地方官开封。经不了这种羞辱的刘长，不食而死。没准，是给憋死饿死的。

刘长死了，民间舆论却批评皇帝。民谣曰："一尺布，尚可缝。一斗粟，尚可舂。兄弟二人，不能相容。"为了平息议论，证明自己并非贪图淮南的土地，汉文帝将淮南故地分成三份，给了淮南王的三个儿子。其中仍封为淮南王的，是刘安。

后面的淮南王，土地少了，但爱好却多了。刘安的名气在汉代诸王中，堪称第一。好读书，好弹琴，好神仙，好与文士交往，还好美食。门下众多文雅之士，一起编了一套《淮南子》，为中国的学问加分不少。淮南王刘安的另一大贡献，是发明了豆腐。但估计这豆腐的发明，跟《淮南子》一样，也是集体的力量，起作用的无名之辈，无法可考，只好都记在了刘安的账下。都说中国有四大发明，其实四大发明之外，豆腐和马镫两个，也算是重大发明，亚洲各国吃豆腐，都是淮南王之赐。据说，欧美人对豆腐越来越感兴趣，中国人在那边，实在混不下去了，只要有做豆腐的手艺，就可以发点小财。

有这么多爱好和发明的淮南王跟他的父亲一样，最后因为谋反丢了性命。汉代做诸王的，也真不容易，一个不留神，就成了反贼。没办法，皇帝制度，没有嫡长子传承的规矩，所以跟皇帝同样血缘的人，有钱，有地，还有兵，怎么都是麻烦。真反假反不好说，反正大家都没个好结果。不过，这回，民间没有传歌谣，而是传出一种说法，说他刘安其实没死，吃了仙药，升天去也。神仙给的仙药量比较大，不仅自己吃了，而且他们家的鸡犬也一并吃了，一同飞升，到天上快活去了。留下一个成语，叫作“一人得道，鸡犬升天”。

民间总是跟皇帝唱反调，没法子。

土豪的成仙梦

淮南王刘安，为读书人贡献过一部《淮南子》，是个组织编书的富豪王爷。后来得罪了皇帝，以谋反之名，被抓去砍了头。但他在民间的形象，却是个升天的仙人，不仅自己升天，还带着家眷连同鸡犬一并都上了天。只是到了天界之后，境遇不大好，大约是带上去的鸡犬四处拉屎撒尿，破坏了天界的卫生，所以，他被罚去打扫厕所。也可以说，死去的那个刘安，其实只是一具躯壳，真的刘安，还在天界环卫局干活呢。

无独有偶，汉代有一位叫唐公房的人，地位虽然不高，仅仅是个小吏，但机缘凑巧，碰到仙人，也成了仙。成仙之后，开罪了郡太守，于是跟刘安一样，小命玄了。求救于师傅，师傅给他家人每人发一份仙药，于是都可以开路升天了。无奈唐公房的妻儿不乐意，说是舍不得家里的房子和家具，当然还有家中的六畜。没办法，唐的师傅只好把他们家的活物都喂了药，连房子带家具都涂了药，跟装修似的。一阵大风，他们全家，不仅鸡犬连同房子一并飞上了天，比刘安还彻底，连具躯壳都没留在地上，让郡太守一点机会都没有。升天之后的唐公房和家人境况如何？没有下文，估计也不会比刘安好到哪儿去。

能有这样好事的人，都是得了仙人的仙药。所以，皇帝，尤其是自我感觉比较牛的皇帝，都想得到仙药。仙药什么样？成分如何？不知道。但只要皇帝想要，肯定会有人出来说知道。所以，从秦始皇到汉武帝，周围没断了方士，说是能帮皇帝联系仙人，找到仙药。骗吃骗喝骗钱，骗够了，像徐福一样，带着童男童女和宝贝就溜了。当然，没有及时开溜的，都先后成了刀下鬼。传说焚书坑儒中被坑的四百六十个儒生，其实大半都是方士。

不管死了多少，方士是灭不了的，皇帝和王公贵胄们幻想得到仙药的梦，也总是做不醒。到了东汉，方士们组织起来，形成一个个的教，天平道、天师道、五斗米教。于是，道士取代了方士，但使命依旧是带领凡人找药、吃药，然后升天做仙人或者神人。到了这个时候，仙药的成分不知怎么被泄露了，说就是五石散，五种矿物质，钟乳石是主要成分。据说吃多了，就可以身轻如燕，然后，当然就可以飞升了。魏晋南北朝时期，时髦的士大夫都服用五石散，吃来吃去，吃出病来的不少，却没见谁白日飞升的。所以，隋唐之后，道士们总结道，不死的仙药，不可能是原始状态的，得加工提炼。算准时辰，由专业人士用特制的丹炉加工提炼，提炼出来的仙药，叫仙丹。这一段时间，道士们到处安丹炉，炼丹药。这一提炼可了不得，原来吃五石散，虽然也有毒，但一时半会儿还死不了，但提炼好的丹药，毒性大增，吃下去，每每即刻身亡。吃死了若干皇帝，包括大名鼎鼎的唐太宗李世民，道士们才稍稍有所收敛。到了明朝，喜欢长生的嘉靖皇帝，跟道士们腻腻乎乎，却从来不吃丹药，而是改走偏门，打处女铅红（第一次性生活的血）的主意，祸害了不少女孩子，但即刻而亡的危险却是没了。

方士和道士，都是中国本土的土产。他们的横空出世，其实就是凭借人们渴望长生的理念。能否成仙，能不能升天，在天上像鸟儿一样飞，无所谓，但就是一定要不死，一直活下去，不仅自己活，最好老婆孩子和家里的鸡犬猫什么的，也都一起活着。刘安之后，皇帝求仙药，好像都没有提出鸡犬飞升的要求，那是因为他们自己都还没拿到仙药，几个误以为已经拿到仙丹的，服药之后，又都翘辫子了。否则，他们也一样会拉上自己的亲人，当然，少不了最喜欢的妃子。也没准，还包括自己心爱的马。否则，唐太宗的昭陵就不会有著名的昭陵六骏。

当下，土豪一词流行。其实，所谓的土豪，就是土佬，有点家产和权势的土佬，就是土豪。皇帝，就是最大的土豪。土豪有权有势，要什么有什么，只要身体许可，想玩多少女人，就有多少女人，但就一样，命长命短控制不了。皇帝越是当得神气，这种遗憾就越是强烈。于是，就求长生，让道士帮忙，求仙，炼丹，写青词，折腾个够，其实就是想不死而已。土豪的长生梦，永远都脱不了土味。

一个命好的烂皇帝

汉武帝刘彻被某些国人推崇为大帝，汉武大帝，有电视剧为证。实际上，这位汉朝排序第五的皇帝，是个烂皇帝。只不过，命很好，不是一般的好。如果隋朝的杨广命有他一半好，伐辽用对了人，取得了胜利，那么，他绝不会是炀帝，而是从里到外光鲜的武帝了。老子杨坚是文帝，他是武帝，理所当然。

汉武帝登基时，汉家经过文景之治的几十年休养生息，家底超厚，有本钱折腾，他也就真的开始折腾。其实，北边的匈奴之患，由来已久。到底是跟这些游牧人死磕呢，还是放他们一马？防还是要防，但以和平交易为主，对汉朝更有利。其实很明显，就该选择后者。成本低，代价小，对国家经济和百姓生活损伤都不大。一般来讲，游牧人的侵扰，是季节性的，草原有灾，他们会南下，如果无灾无害，大体就相安无事。游牧人侵扰农耕人容易，反过来，农耕人要深入反击，事倍功半，劳民伤财，要想彻底消除隐患，基本上不可能。然而，汉武帝选择的是大动干戈。

汉武帝刘彻，依靠的主要将领，一个卫青，是他的卫皇后的弟弟，一个霍去病，是卫皇后的外甥。都是拉裙带上来的，标准的外戚。汉武帝呢，也是标准的任人唯亲。自古以来，凡是这样用人，多半要砸锅。然而，汉武帝用的这俩人，却都是将才。是他有知人之明吗？未必。没见他选拔，也没见他筛选。后院里拎出两个，就当菜，还真成了硬菜。说来说去，就是命好。

靠着这俩能打的，跟飘忽不定的匈奴人缠斗，的确重创了他们，但汉朝的损失要数倍于敌。农耕人出征，长途奔袭，十万人马作战，按沈括的算法，至少得有三十万人马运粮草。深入大漠越远，后勤供给线越长，所需的人马就越多。前线损失过半，后勤损失完全。匈奴消停一点，这边汉朝的国力大损。文景之治好不容易攒的家底，都给折腾没了，粮没了，钱没了，人也快没了，老百姓叫苦不迭。如果像隋炀帝伐辽那样，前方战绩不佳，那么汉武帝的江山，没准就完了。那么后世给刘彻的谥号，多半是"炀"。再编电视剧，肯定轮不到他了，总不能来个"汉炀大帝"吧？

国库见底了，汉武帝着急。加强国力，一靠国家资本主义，铁盐国营；二靠横征暴敛，对商人加税。最后，都是把负担往老百姓身上搁。这样折腾一阵，国库是满了，但百姓穷了。这他不管，只要匈奴威胁小了，就自我感觉良好，觉得自己武功盖世，是天字第一号。理所应当，再活五百年。于是，好神仙，求长生，学秦始皇，东南西北到处走，满世界找神仙。大把大把的钱扔出去，浪费在路上，丢在水里。便宜了贪官，便宜了方士，坑死了百姓。堂堂帝王，屡屡被骗得半死，可是至死不悟。跟他同时代的司马迁写《史记》，其中的《武帝本纪》，说来说去，就是在骂他。要说完全是因为司马迁受了他的宫刑，公报私仇，倒也未必。因为大家公认，司马迁作为史官，史德还是不错的。说一千道一万，还是汉武帝刘彻做得太差。一个皇帝，好园林，好宫室，好出巡，好封禅，好神仙，好大喜功。有这么多好，还能有个好？这一系列耗费资财的行动，都是汉武帝自己干出来的，每折腾一次，就是流水一样的民脂民膏。

这样的皇帝，固然有司马相如这样的马屁文人，写了长篇的《上林赋》来歌功颂德，留在史书上的形象，就该是司马迁笔下那副德行。看来，司马迁的《史记》，汉武帝没有过目，大概也没有工夫过目。要看，也看《上林赋》，听东方朔插科打诨。那年月，人也没后来那么坏，汉武帝百密百疏，也想不到弄一个文网，严查文人的思想。被割了关键零件的司马迁，还被招进宫里，做了权力不小的中书令，每天下班回家，继续写他的谤书。

说到中书令，这也是汉武帝作的孽。在他之前，汉朝的宰相制度运作良好，轮到他了，非要削弱宰相的权力，把原本宫里的一个沟通内外的小机构尚书台扩展起来，逐渐把大权收到宫里。于是，自他之后，种下了宰相逐渐被闲置，权归尚书台制度变异的根苗。而这尚书台，由内官（宦官）主持的时候，就叫中书令。所以，汉武帝，又是一个破坏制度的罪魁。信任宦官，大权独揽，实际上是从他开始的。

汉武帝最大的功业，是打击匈奴。但打完了匈奴还在，他死后，匈奴喘过气来，威胁也照旧。他的后世子孙，还是得跟人家相处，打不过了，依旧得和亲。大美女王昭君，就是这样，在他的后世子孙手里，便宜了匈奴呼韩邪单于。这点业绩，除了可以让后世山寨的沙文主义者不断意淫一下之外，在历史上，几乎没有任何益处。

巫蛊那点事儿

巫蛊两字，如果拆开来，巫指巫术，蛊则是传说中由人专门喂养的毒虫，可以受人操控，进入人的大脑，让人生不如死。巫术和巫，古已有之，但蛊这玩意儿到底有还是没有，言人人殊，至今没有被证实。如果巫蛊两字合起来，实际上说的就是一种诅咒人的巫术。这种巫术，人类学家称为顺势巫术，就是弄一个偶人，写上被诅咒者的名字，如果能弄到生辰八字以及该人的指甲和头发更佳，加以诅咒，或者用针刺这个偶人的心，以及你想刺的部位。世界各地的人们，几乎都无师自通地擅长此道。只不过有的民族玩这个的时间长些，有的短些。在我们这里，有些乡村大妈，至今还擅此道，动辄缝个小布人，扎上针放在炕席地下。《红楼梦》里，马道婆替赵姨娘做法诅咒贾宝玉和凤姐，使的就是此招儿。当然，跟小说讲的不同，一般来讲，这样的招数，不大可能奏效。如果真的有效的话，人与人互相报复，就比较容易了，杀手什么的，就肯定失业没事干了。

不消说，在原始人那里，这样的巫术，还是大有市场的。而中国人，虽说号称进入文明状态很早，但巫术的情结却出奇地重。直到清代，巫蛊祸人的事件，一经发现，依然可以据此治罪，说明人们一直都相信这玩意儿真的可以起作用。不过，巫蛊进入政治，闹出大事，最惹人注目的，还要数汉武帝晚年的一场宫廷政变。

汉武帝好神仙，好方术，晚年尤甚。人牛气久了，越到晚年，就越是想长生。秦始皇如斯，汉武帝也一样。好长生，就只好被方士忽悠。那年月，方士和巫师难分彼此，方士得意，巫师也跟着起哄。上有所好，下必甚焉，皇帝喜好的，下面王公贵族，贵妃公主，达官显宦，都跟着喜好。朝野上下，乌烟瘴气，京城内外，方士和巫师乱窜。林子大了，什么鸟都有。方士或者巫师，在武帝面前，当然只能讲神仙，找神仙，或者吹嘘自己就是神仙。但到了下面，就什么事都可能做了。巫蛊这点事，原本就是巫师的看家本事，碰上哪个妃子，吃醋吃大了，对某个得宠的狐狸精恨得不行，埋个木头人诅咒一下，倒也不是没有这个可能。只是，若要人不知，除非己莫为，这样的"法术"，只要有人做，就会有人效法。大家都玩这个，就成了公开的秘密。此风一炽，在这期间，只要有人碰巧生病，碰巧死亡，就会联想到这上面去，浑身起鸡皮疙瘩。

汉武帝征和元年，汉武帝刘彻已经六十多岁，在那个年代，算是高寿了。身体一天天地走下坡路，越是这样，越是不想死，越不想死，病魔越是缠身。赶上宫里宫外，巫蛊之风大盛，皇帝未免心下生疑，有人在暗中诅咒他死。而此时的太子刘据，也已经三十好几了。从来帝王制度，储君和现君，就是一对儿矛盾。即便是父子，这个矛盾也摆在那儿。一个不肯下来，一个欲接班而不能。上面的年老昏聩，下面的年富力强。反差越大，别扭也就越大。儿子觉得老子碍事，老子感到儿子碍眼。纵是人称卫太子的刘据温和贤良，架不住皇宫里面是非多，皇帝身边，总会有人借端生事，挑拨是非。而此时的汉武帝，早已厌倦了当年迷死了他的卫子夫卫皇后，顺便的，卫太子也看着越来越不舒服了。

自古以来，宫廷斗争，整人都是借着皇帝的手。皇帝疑心有针对他的巫蛊，自然就有人拿巫蛊兴大狱。皇帝身边的宠臣江充，本是一个整人有瘾的酷吏，原本就跟卫太子不对付。他也知道，皇帝青春已高，如果卫太子接班,那么他的命运不会太好。而抓巫蛊这事,怀疑到太子头上，具有充分的逻辑依据。谁最希望现任皇帝死掉呢？当然是预备接班的人。江充查巫蛊，依靠的是一个专业人士，一个胡巫，但目标却沿着他定的方向前进。眼见得，跟卫太子走动比较密切的人，一个接一个因追查巫蛊而倒下，连太子舅舅卫青的长子也被牵连。拷掠之声，彻夜不息。在烧红的烙铁面前，越来越多的人被攀指出来。终于，江充带人进了太子的东宫，居然真的就无中生有地在宫里挖出了大批的桐木人。到了这个地步，太子被定罪，也就是眼前的事了。

此时，汉武帝在甘泉宫度假，太子几次三番想去父亲那里说明情况，但都被江充的手下挡驾。情急之下，卫太子决定用师傅的计策，冒险拼死反击，矫诏抓捕江充，问出弊情，再向皇帝领罪。卫太子的反击，杀了江充，但却闯了大祸。汉武帝周围谗臣们，平日的谗言现在成了真，卫太子百口莫辩。汉武帝命令宰相镇压叛乱，由于一时间来不及调军队，就紧急放出囚犯，临时组队，由此产生了一个特别的官职，司隶校尉。囚徒组成的军队，打败了太子能指挥动的兵，太子只好逃走，最后在围捕中自杀。皇后卫子夫当然也只有一死，卫氏家族，几乎灭族。值得一提的是，当初卫子夫得以扶正做皇后，是因为她前面的皇后阿娇（就是成语金屋藏娇的出典人，刘彻要金屋藏之的宝贝），据说是因为嫉妒，指使宫女埋了木人诅咒卫子夫，东窗事发，阿娇被废，卫子夫得立。最终，卫子夫又因为巫蛊之案，丢了性命。

更可怕的是，抓巫蛊成了一场运动，从宫里运动到官场，从官场运动到民间，到处都在抓搞巫蛊的人。巫蛊固然可恶，其实杀不了人，但抓巫蛊运动，却导致成千上万的人遭受酷刑，成千上万的人头落地。直到事情闹得不可开交了，汉武帝才明白自己是在见鬼，白白搭进一个挺好的太子和众多无辜的人。可是，虽说有悔意，但直到死，他也没有真正原谅卫太子刘据，刘据在《汉书》里，还是以戾太子的名义有传。

不知，这对父子，到底哪个真的戾。

敢拼命的傀儡皇帝

王朝末世，朝政为权臣把持，皇帝化为傀儡，由背后人牵线表演，即使心不甘情不愿，也只能逆来顺受。这样的事，常见。东汉末年的刘姓皇帝，是曹家人的傀儡，到了魏朝末年，曹家天子，又成了司马家的傀儡。

做傀儡的皇帝，日子不好过。名义上为一国之君，但一举一动，都得听人家的，所有行为，包括做爱，都有人监视。皇帝对权臣，实行彻底地政务公开，私生活公开。稍有不慎，自家就会有性命之忧。即便谨言慎行，老老实实，也不知道什么时候人家取而代之，将你一脚踢开。踢开之后，是死是活，可就难说了。这样的皇帝，说白了，就是华丽的囚徒。

曹家人做皇帝的日子不长，第三代上，江山就被司马家控制了。一方面，曹丕、曹睿时代的旧臣还在，一方面，曹家第一代的血性，多少还有点孑余。司马家篡位夺权的路，有点难走。拖了三代，到司马懿孙子司马炎，才完成建立新朝大业。

这期间，曹家人居然反抗了，第四任皇帝，高贵乡公曹髦，竟然武力“讨贼”，跟司马昭拼个你死我活，当街被人捅了个透心凉，血溅当场。这事，后来南渡之后，丞相王导讲给晋元帝司马睿听了，司马睿当即掩面大哭，说真的如此的话，国祚怎么可能长？的确，司马家的西晋，还真的短命，实际上二世而亡。

曹髦是个聪明人，喜欢读书。能作诗，也通经。继位之后的活动，既有跟侍从论诗的记录，也有到太学跟太学生讲经的经历。他继位，是因为前面的皇帝曹芳被废，聪明的他，当然知道人家找他来是干吗的，他也平静地接受了做傀儡的现实。赐给司马师象征专权征伐的黄钺，特许其“入朝不趋，奏事不名，剑履上殿”，让人想起在汉献帝面前的曹操。从仪式上，司马师的臣子味道，已经不多了。继位不久，司马师死，兄弟司马昭接班的权力过渡，曹髦也没什么动作，顺从地把大将军的头衔加给了司马昭。然后眼睁睁看着一个又一个忠于曹家的封疆大吏——毌丘俭、文钦、诸葛诞，先后被逼反，而后被翦灭，自己毫无作为。

但是，曹髦却不是一个甘心做傀儡的皇帝，他想做点什么，甚至还梦想做曹家的中兴之主。跟群臣讨论夏朝的中兴之主少康和汉朝开国之君刘邦的优劣时，群臣都认为少康不如刘邦，曹髦独出心裁地认为，不能以是否开国定优劣。少康于危难之际，恢复祖业，其实比“专任智力”的刘邦要强。

但是，向慕少康是一回事，做少康又是一回事。曹髦怎么样才能使奄奄待毙的曹家朝廷起死回生呢？他的办法，是提倡道德，忠孝仁义。将所有他祖先曹操嗤之以鼻的道德信条，都强调到极致。为此，他用尽了自己那一点可怜的自由空间，拼命提倡儒学，讲求道德，还接见后来被载于“二十四孝”的王祥，让他建言建策。

然而，道德在实力面前，是苍白无力的。倡导德业的曹髦，只能一点点看着司马昭在篡位大业上推进。终于有一天，身为大将军的司马昭，要做相国、封晋公、加九锡了。到了这里，离篡位登基，就只有一步之隔了。

我们看到，这一回，司马昭居然没有得逞，他装模作样地前后九次推让，而曹髦最后也就算了，把一堆帽子，搁在了一边。

显然，这样做犯了大忌。做相国、封晋公、加九锡什么的，原本就是司马昭的意思，推一推，让一让，无非显得自己谦虚。曹髦知趣，应该非给不可才是。真的不给了，皇帝就有麻烦了。所以，隔了一年之后，封晋公、加九锡的事儿又来了。这回，司马昭推让不那么厉害了，一堆辉煌的帽子扣在脑袋上之后，《三国志》上，曹髦的事迹就中断了，突兀地出现了一篇以太后名义发的令，说是曹髦忤逆不孝，居然要举兵进西宫杀她。

当时的太后虽然没有生曹髦，但在名义上，却是曹髦的母亲。要杀母亲的人，当然得死。于是年方二十的皇帝，就驾崩了。史书上写的是“卒”，因为死后的曹髦，被贬为庶人。幸好，裴松之的注释，给我们提供了事情的经过。原来，司马昭的步步紧逼，已经把曹髦逼到了忍耐的极限，加九锡这件事一旦落下来，曹髦的神经就崩溃了。“司马昭之心，路人皆知”，他怎么能不知？于是，他拼了。仗剑而出，亲自带领几百个童仆，就去跟司马昭拼命了。临行前，请教了三个近臣，只有一个王经劝阻了他，剩下两个赶紧去司马昭那里报信（这个王经，随后被司马昭杀掉）。当日是见了太后，当然不是杀她，而是告知她一声。

飞蛾扑火这样的事儿，结果当然是一定的。但皇帝血溅大街的现实，也让司马昭的篡位，显得特别的难堪。不得不推后一点，让他的儿子过皇帝瘾了。紧是这样，曹髦的悲惨故事，直到司马睿时代，还在朝野流传，让司马家的后世子孙，做起皇帝来，底气明显不足。

特别悖理的坏事，做不得。做了，给子孙留祸根。

开国即有亡国相

晋武帝司马炎是个开国之君，但晋朝的底子，是司马家上两代人打下的基业。虽说，正像石勒讲的那样，夺天下于孤儿寡母之手，不怎么光彩，但毕竟把三分的天下，拿下了三分之二，并且留下了一群能征善战的将领。到了司马炎手里，天下一统，应该是顺理成章的事儿。自古江南偏安政权，一旦淮之不保，江大抵是守不住的。如果连长江上游的巴蜀也不在手里，那么偏安政权更是朝不保夕。紧是这样，从西晋立朝，到灭吴，还是拖了好些年。

灭吴之后，天下归一，司马炎的功业也就仅限于此了。几乎所有亡国之君的毛病，他都有。贪财，卖官鬻爵，钱入皇室的小金库。刘毅批评他，连汉朝最昏的桓灵二帝都不如。好色，在全国大选美女，他选人入宫之际，天下人不许结婚。平吴之后，将吴国孙皓的后宫扫数收纳，司马炎的后宫，人数多达三万余人。在历代王朝中，即使不是第一，也能排在前三甲。后宫美女太多，不知该跟哪个睡了，就特意制作了羊拉的车，自己坐在上面，随羊拉到哪儿，就去哪儿。聪明的嫔妃就在自己的寝宫前撒盐水，堆上羊爱吃的香草，引得羊儿来。但大家都跟着学，到处都是盐水和香草，羊也就只好随意走了。开国之初，为了表示自己节俭，公开烧掉了臣子拍马屁送的雉头裘（用野鸡头上的毛织成的大衣）。但是，不久却支持王恺跟石崇斗富比宝，弄得举国上下，骄奢淫欲成风。太尉何曾，日食万钱，还说没有什么可以下筷子的。另一个太尉王衍，家里人聚财有道，富可敌国，但却口不言钱，给钱发明了另外一个名字——阿堵物，却从来没想过遏制一下家人敛财的脚步，或者散财给穷人一点。

东汉末年，士大夫风气已经开始变坏，由于朝廷提倡儒学，讲究儒家伦理，士大夫竞相争做孝子，风气已经变得很矫情，作伪者层出不穷。司马氏当家之后，不仅不想扭转此风，反而用鼓风机煽风。士大夫兴起玄学，崇尚空谈，做皇帝的也听之任之。不务实际，矫情虚伪，成为一时风尚。能做大官的，不仅是世家子弟，而且是清谈高手。朝野上下，越是不务正业，越是可以飞黄腾达。

制度建设，尽是败笔。有人建议废止选官的九品中正制，他不肯，反而用荫户占田制度强化了门阀。最大的失招，是再度分封，不仅让宗室藩王有地盘，有实力，还把军权也给了他们，早早就种下了日后八王之乱的根苗。太子司马衷是个呆子弱智，天下人都知道，司马炎不可能不知道，却依旧坚持将天下传给他。司空卫瓘是个聪明人，一般不肯冒险的，居然有一次趁着酒醉，冒死拍了拍皇帝的龙床，大声说道，此座可惜！司马炎明白他的意思，就是假装不明白。当时，朝廷上下，都认为司马炎的弟弟攸不错，比司马炎的几个儿子都强太多，比白痴太子就更强了。但是，这个司马攸，原本就是司马炎的政敌，当年司马炎的父亲，是打算把位置传给司马攸的，因为某些势力的力阻，大位才落到司马炎屁股底下。好色的司马炎，又有点惧内，害怕皇后杨氏，太子尽管白痴，却是杨氏所出的宝贝。因此，无论朝野如何归心，江山只能传给他那个白痴的儿子。

说起来，司马炎是有异相的，用何曾的话来说，长发委地，双手过膝。

长发委地，今天多用来形容美女，但那个时候，男人也不理发，头发长不稀罕。能长到拖到地面，可能不太容易，但算不得什么了不起。富家子弟，好吃好喝好保养，就能办到。但双手过膝难点，这个相，前面的刘备有过，如果是真的话，应该说是一种返祖现象，跟猿似的。这样的相貌，就该做皇帝吗？也许吧。但这个皇帝做得可真不怎么样，一开国，所有亡国之相就都有了。临死，又让皇后家的三位杨大人专权，外戚秉政。一个白痴的皇帝，加一个跋扈的太后和三个二百五似的太后的家人，这样的一个最高权力中心，怎么能让手握军权的藩王服气？于是同样有野心的晋惠帝的皇后，联络外地的藩王，发动政变，夺了大权。从此之后，西晋就陷入持续的动荡之中。八王之乱乱完了，江山社稷也跟着完了。

西晋真正的亡国之君，不是那个白痴晋惠帝，而是晋武帝司马炎。

萧衍老儿的亲亲策略

在南北朝，梁朝的皇帝萧衍，堪称一个“老”字。一口气活到八十六岁，要不是侯景把他活活饿死，熬过九十，料想不成问题。在皇帝群里，可以做老大的。所以，北边的人，尊敬点叫他老翁，不客气的，就叫他老儿。由于活得长，梁朝就是他自己的，他死后，虽然还有几个皇帝，但都是一闪即逝的浮云。用他的话来说，天下自我得之，自我失之，又何恨焉？自己给自己挣了家业，自己再把它败掉。

然而，打天下那阵儿，其实跟众多帝王一样，萧衍也是准备建立万世基业的。他的策略跟过去不久的晋武帝一样，亲亲爱人，爱自己家人。但凡萧家的兄弟子侄，一律高官得做，大权得掌，当然贪腐也没问题。即使民怨沸腾，也只用家法处置，怎么处置呢，暂时去了官职，避避风头，过后还是高官厚爵。

他的六弟临川王萧宏，将兵出征，一朝兵溃，单骑逃回，什么事没有。过了一年继续做高官，掌兵权。这个萧宏，是个财迷，聚敛有方，有库房上百，平时封得密不透风。因此，有人告发，说是库房里都是武器。这回萧衍有点怕了，借故亲自前来勘察，发现里面净是钱，每一百万做一堆，整个算下来，能有三亿多。其余绢帛也不少，堆得到处都是。看过之后，萧衍根本没打算问他一个巨额财产来源不明罪，反倒夸奖这个兄弟会过日子。他兄弟会过日子，治下的百姓，日子就没法过了。

萧衍的亲亲爱人，终于得到了他六弟的回报。萧宏被爱得不行，起了杀心，准备除掉梁武帝。一日，打探好了梁武帝要去光宅寺上香，遂派死士埋伏在路上，打算行刺。结果，梁武帝临时改变了行程，谋刺未成。后来，此事败露，萧衍流着泪对萧宏说，他不打算学周公诛兄弟管叔，也不学汉文帝诛兄弟淮南王。那么怎么办呢，也就只好免掉萧宏的官职了事。

对兄弟如此，对自己的儿子也这样。他的第六子萧纶，精神有毛病，做刺史不仅暴虐，而且胡来，搜刮民财不遗余力，但也干出好些令人哭笑不得的事。看人出丧，哭得哀伤，他非要把孝子的丧服扒下来，自己穿上，学孝子哀嚎。梁武帝免了他的官，他就找一个干瘦的老头，穿上龙袍，扮作他的爹爹，按在上座，自己在下面磕头诉说自己如何无罪，然后把老头拖下来，龙袍剥下，用鞭子抽打。都折腾到这个地步了，也就是暂时处罚一下，过后王爷还是王爷，刺史还是刺史。

皇帝制度，最高统治者最危险的敌人，恰是自己家人。反正大家都是一个血缘，都有资格做皇帝。龙椅又没有刺，谁的屁股不能坐？帝王之家，父子兄弟，不似草根布衣，从小又不在一起厮混，一出生，就各有各自的小家，奶妈仆人一大堆，跟身边宦官的关系，反倒比父亲兄弟还近些。无论怎么强调父慈兄友，最后也亲密不了。所以，无论萧衍怎么亲亲爱人，最后坑了他，坑到死的人，还是他的自家人。侯景打上门，兵微将寡，威胁并不大。但被派去应敌的侄子临贺王萧正德，却暗中跟侯景勾结，致使都城沦陷。城破之后，这个萧正德，第一个领人杀入宫中，要萧衍的脑袋，还是侯景拦住了他。如此深仇大恨，就是因为原来萧衍无子，立他为太子，后来妻妾多了，亲儿子一个个生出来了，他的太子就被废了。其实，不做太子，萧衍待他并不薄，没想却招恨招到这个地步。

萧衍死后，侯景也死了，子侄们一片混战。赤裸裸地骨肉相残，萧纲、萧绎、萧纶、萧誉、萧詧打成一团。为了获胜，致自家兄弟于死命，几乎每个人都引北兵入援，不仅祸害自家兄弟，而且祸害自己的百姓。梁朝最后一个皇帝梁元帝萧绎被他的堂兄弟萧詧引西魏兵害死，而萧詧只能待在一座空城，做一个傀儡的梁王，不久郁郁而亡。

帝王家的骨肉亲情，无论怎么讲究，都脱不出两个字——虚伪。把虚伪的道德强调得越是声势浩大，涕泪交加，这道德背后的残忍，就越是凶猛。假的就是假的，一万年，都是假的。

皇帝是不是臣子的天？

做皇帝的，最得意的境界，做之君，做之亲，做之师。既是臣民百姓的君主，又是他们的爹娘，还是他们的老师。天下五达尊，天、地、君、亲、师，除了天地之外，包圆。然而，这样的境界，皇帝无论如何都挣不到。西汉之后，儒术真成独尊，孔夫子变成大成至圣先师，老师这把交椅，皇帝可望不可即了。假装为天下之大父，也只有象征意义。别说老百姓，就是食君之禄的臣子，想要人家爹亲娘亲不如皇帝亲，也是不可能的。魏文帝曹丕，没事捉弄臣子，提了一个刁钻的问题，说是皇帝和父亲均有重病，但只有一丸救命的药，你们是给皇帝呢，还是给你家老爹？群臣面面相觑，谁也不敢答话。这个问题，就跟今日之妻子刁难丈夫的那个难题一样：我和你妈都掉水里了，你先救谁？怎么答都是错。在妻子面前，如果回答先救老妈，大不了过几天难受的日子，可如果说不救皇帝，弄不好吃饭的家伙就保不住了。没想到邴原出班，昂然答道：我给我的父亲！面对这样的回答，曹丕想了半晌，居然没有治他的罪。

南北朝时期，南朝齐国最后一个君主东昏侯萧宝卷的爱妾死了，自家难受得不行。送葬之时，令文武百官都去，自己哭得一把鼻涕一把泪的，还不过瘾，下令大家一起哭，群臣谁也不买账。皇帝急了，忙说，谁哭，加官进爵！有个小子应声大哭。完事了，大家伙问他，你哪儿来的那副急泪？这家伙说，我家小妾也刚死，我其实是哭她呢。

半壁江山的皇帝不尊贵，统一之后，普天之下莫非王土，皇帝也实现不了爹亲娘亲不如皇帝亲的境界。但是做不到，不等于不想做。隋朝第二个皇帝杨广，的确有两下子。他经常自负地说，如果他不是他老子的儿子，即使跟士大夫们比才华，他也该做这个皇帝。但是，他的这个皇帝，做得不容易。原本位置不是他的，费好大的劲儿才挣到手。这个过程，有帮手，主要的谋主，名字叫张衡，跟东汉那位大发明家同名。

皇子争位，大家都得装。然而他的哥哥杨勇，已经坐上了太子的位置，装的劲头就小了。结果被弟弟杨广钻了空子，利用老娘讨厌人家纳妾好色的心理，双管齐下，两头下蛆。最终，杨勇被废，他如愿做了太子，成为最终的胜利者。这一切的谋划，都离不开张衡。所以，史书上说，“夺宗之计，多衡所建也”。

杨广做了皇帝之后，对张衡宠信无比，张衡很快就做到御史大夫，朝廷监察机构的总管，从三品大员。杨广的意思是让这个自己人，替他看住群臣。甚至，杨广还特意从太原开道九十里，亲临张衡的老家，在他家里住了三天。这样的荣光，在那个时代，绝非一般臣子可以得到的。

但是，杨广实在是太能折腾了，开大运河，修洛阳城，征伐高丽。一个农业国度，这三件大事干一件，都够劳民伤财的了，他同时三件一起干。到太原，幸汾阳宫，嫌宫室太小，下令扩建。此处是张衡的家乡，如果大兴土木，必定劳动家乡人。所以，张衡仗着自己跟皇帝的交情，大着胆子，对皇帝说了句劝解的话，说是现在到处都在大兴土木，劳役过重，百姓疲顿，能不能缓缓。没想到，这下子，杨广不高兴了，对身边人说，这个张衡，自以为我得天下，都是他的谋划吗？找了个茬儿，就把张衡贬为榆林太守。

第二年，杨广再次来到汾阳宫，张衡来见。杨广本以为这一贬，肯定让这小子吓得够呛，茶饭不思，寝食难安，跟天塌了一样。没想到，张衡还是那样胖乎乎的。原本打算让他官复原职，现在又改主意了，再次打发张衡回了榆林。转身一想，还是不能这样便宜了这小子，因此命他去监造江都宫，好让他下扬州时居住。意思是说，你不是劝我不要大兴土木吗，我就是要兴，不仅我兴，还得让你来操办。张衡还是真心替他的这个皇帝着想，督建江都宫时，能省尽量省。可是，因为这个，他被江都丞王世充告了黑状，说他偷工减料。墙倒众人推，礼部尚书杨玄感也告发他说，他私下跟杨议论过，说被皇帝杀了的才子薛道衡冤。这一次，张衡的小命保不住了，还好，皇帝在最后时刻，念旧情，将之废为庶人，打发回老家了。没想到，没几天，这个倒霉鬼又被他的小妾告了，说他在家发牢骚，对皇帝不满。于是，张衡被赐在家自尽。临死前，张衡大叫，我为那个人干了那么多缺德事，怎么可能指望活下去！监刑之人，马上把耳朵塞住，下令手下杀之。

在隋炀帝杨广心目中，他就是天下臣民的天，他要想干什么，就可以干什么。所有人，包括他关系特铁的宠臣，只有听喝的份儿。哪怕你功劳大大的，出来劝一句，也不行。天就是天，在天面前，所有人只能说一个字：是。他没想到的是，天下只让他折腾了十四年，几乎所有人都反了，连那个生怕他的江都宫不奢华的王世充，也反了。待在江都宫里的他，望着遍地烽火，只能对着镜子哀叹，大好头颅，由谁来砍呢？

什么是皇帝的家事？

唐高宗想立武媚娘为皇后（其时，武媚娘还是昭仪），按惯例，这是个大事，得征求大臣们的意见。上朝一说，大臣们没有一个同意的，褚遂良拼死抗争，争得面红耳赤。皇帝可作难了。李家皇帝，有一个算一个，都是好色的主儿。只是高宗李治，跟他爹不一样，人熊，好色，每每被美女钳制。武媚娘（即后来的武则天）被立后之前，其实已经控制了这个懦弱的皇帝。褚遂良这样的人，当然不会不知道这个女人的厉害，也不是不知道她在皇帝心中的分量。但是，初唐朝野风气已经被唐太宗、魏征养成，大家还是会说该说的话。

立后的事儿，不像纳个妃子，朝中大臣不松口，这事就难办。一时间，高宗和武媚娘，都很犯愁。然而，懂事的臣子，总是会有的。李勣这个前朝功绩赫赫的战将出现了，他私下对唐高宗李治说，这事，本是陛下的家事，何必问他人？一句话，唐高宗遂绕开廷议，武媚娘就成了皇后。不久，这个女人，站到了前台管理朝政，宫中并称二圣。再后来，就是一圣，一个女皇帝问世了，大唐变了大周。若不是武则天是个女流，这唐朝，差不多也是二世而亡（高祖和太宗，其实可以算一世）。李勣当时一言九鼎，死也想不到，他死后，他的孙子徐敬业（李勣本姓徐）起兵反周，兵败身死，连累他也被开棺戮尸，在九泉之下都不得安宁。

这样的事，到了唐明皇之际，还在继续。唐明皇的宠妃武惠妃不喜欢太子李瑛，唐明皇耳朵根子软，想废太子，宰相中，张九龄不同意，李林甫不做声。不久，张九龄罢相，再议。李林甫说，此系陛下家事，不是臣子们该说的。于是，武惠妃得逞了。

这事，到了唐德宗时，有了转机。唐德宗欲废太子，宰相李泌闻之，大声抗议。唐德宗说，这是我的家事，你有什么资格管？李泌说，天子以四海为家，家事就是国事。宰相总理天下之事，太子蒙冤，岂能不管！就这样，废太子的事，居然给搁置了。

当然，如果换媳妇、废继承人这点事，放在田舍翁身上，当然是人家的私事。吹皱一池春水，干卿底事？但是，搁在皇帝身上，就不是家事，而是国事，而且是重大的国事。从皇帝制度的设计上讲，皇帝是整个国家的大家长，是国民的大父，而皇后，则是国母。国母该谁做，让臣民投票当然不可能，但必须得经宰相们同意不可。就像任命国家官员一样，如果不经行政首脑，就是不正常的“斜封”，不合理，也不合法。至于皇帝的继承人，下一任的皇帝，则更是国家大事，没有宰相的参与，根本就不应该确定或者废除。

李勣当然不是奸臣，他的家事论，就当时而言，大概只是为了给唐高宗解困。作为一个诡计多端的战将，就算再聪明，他也算不到这个武媚娘最后能折腾出那么大的事来，竟然会折了他的儿孙，殃及他的枯骨。但是李林甫接着他的话说，就安心在给皇帝拍马屁了。其实，如果按今天流行的说法，皇帝也是人，怎么可能没有自己的家事呢？但是，仔细想想，那年月的皇帝，就是没有什么事可以算是纯粹的家事。秦以前，中国实行的是王制，天子管的是天下，诸侯管的是国，大夫管的是家。天下、国和家，其实都是同构的。诸侯跟天子，可以论公私，大夫跟诸侯，也可以论公私，但天子在天下里，没有自己的小家，同样，诸侯在自己的国里，也没有自己的小家。帝制是由王制脱胎而来的，皇帝下面的层级没有了，但一统天下的皇帝，尽管盖了内宫，圈进了大批的美女做嫔妃，但小家的事，也就都成了公共事务。

所以，如果把换媳妇和废太子这样的事，说成是皇帝的家事，就等于扩展了皇帝的专断之权。原本，皇帝还不敢明目张胆地这样干，但家事论一出，皇帝也就理直气壮了。当然，皇帝制度，从本质上就比王制更为专断。李泌挡了唐德宗，未必能挡住后来的帝王。到了明朝嘉靖皇帝惹出大议礼的乱子的时候，人家皇帝宁可成批地打烂群臣的屁股，也要把自己的家事专断到底，也真就到底了。

皇帝也是人，但这个人特别，他真的要不管不顾，谁也拦不住他。所以，这种制度，一句话：不靠谱，能换，还是换了吧。

皇帝兼神仙

自古以来，神仙是神仙，皇帝是皇帝。皇帝富有海内，但要兼任神仙，却也难。以世俗的眼光，别说皇帝，就是人间宰相，富贵荣华也逾于神仙。唐代有个传说，说是张说未发迹时，遇到了上帝，给他两个选项，一是做神仙，二是当人间太平宰相。开始他选了前者，待到上帝要确定时，他急忙改口：太平宰相。后来，他真的做了宰相。

其实，神仙在天上，享受据说也不错，按道教的说法，仙界的美味佳肴，美女娇娃，比人间强千百倍。但是，仙界的享受，都在经书里，在道士的嘴上，谁人见过？人们见到的，都是大宅门里的富贵。所以，真的要人来选，当然张说的抉择，是比较实际的。

但是，人间的富贵固然看得见，就是不长久。即使贵为帝王，说翘也就翘了。放着好日子，眼睁睁撒手西去，委实是件悲惨的事。所以，自我感觉好一点的皇帝，都想长生，长生不死。秦始皇和汉武帝，还只是求仙，而唐朝的皇帝，则吃丹药。死了一个又一个，都说是成仙了，留下一副臭皮囊，还得好好安葬。

宋代的皇帝，跟唐朝类似，比较好道。神仙这东西，在佛教里不算什么事，不过跟人一样，六道中的一种。活得比人长一点可能，但不死是不可能的。可在道教里，神仙就比较牛气，虽然仙界类似人间，也是帝王将相等级森严，但几乎所有的神仙，都可以不死。只不过，道教的神仙，无论位阶大小，司职何事，都得皇帝御封，得不到皇封的神仙，在人间就没有地位。可是，有的时候，有资格封神的皇帝，还真的挺羡慕神仙的。北宋的徽宗，就是一个。

宋徽宗是一个大玩家，才华横溢，玩什么像什么。留下的字画，名冠后世。还喜欢踢毬，据说也有专业水准，还因为这个提拔会踢毬的高俅做了禁军太尉。贵为皇帝，后宫佳丽三千，却跟京师名妓李师师传出说也说不完的风流韵事，也许不好听，但却是一种玩法。这样的玩家，本职工作难免做不好。一个出了名的昏君，左膀右臂：蔡京、王黼、童贯等，没有一个好东西。治国之策，尽是昏招。后来城破国灭，被掠到北地，受尽艰辛，也是该着。这样特别能玩，玩什么像什么的皇帝，喜欢做神仙，当然不奇怪。只是，他做神仙，却不想放弃帝位，两边都兼着，两个好处全占。

根据记录，宋徽宗赵佶对神仙兴趣大发，似乎起于一次幻觉。一次，他前去祭天，走在路上，突然宣称看见了一片在云间的亭榭楼台。如果真的看见了，现在我们叫它海市蜃楼。但这样的奇观，一般出现在沙漠和海边，开封这个地方出现海市蜃楼的概率，基本上是零。所以，如果不是宋徽宗赵佶故弄玄虚的话，多半是幻觉。但是跟随在他左右的蔡京的儿子蔡攸却接茬说，我也看见了，楼台都在半空。赵佶接着问："那上面有人吗？""有哇，好像道装打扮的童子出入其间。看来是天神下降了。"从此以后，宋徽宗赵佶就迷上了神仙。

迷上神仙，就得尊崇道士，人家是中介。可是道士们都猜不透宋徽宗的心思，只会操练他们那一套把戏，画符念咒做法事。上帝归上帝，恺撒归恺撒。终于，来了一个江湖术士，混过佛教，也混过道教，两边都不得志，但见到宋徽宗，却发了迹。这人叫林灵素，走江湖忽悠人，见多识广。见了皇帝，哪有不忽悠的道理？一上来就说，这天哪，有九重，最高的一层叫神霄。里面的神府里，住着上帝的长子，叫神霄玉清王，又叫长生大帝君，主管南方，就是陛下您。而您的弟弟，也是神，号青华帝君，掌管东方。您的麾下，有八百仙官，其中蔡京、王黼、童贯都在里面，位置很高。连宋徽宗的宠妃刘贵妃，也在里面，贵为九华玉真安妃。现在，你们这一大群人，只是暂时下到人间而已。马屁不仅拍到被拍者的心里，而且连带被拍的亲信一并拍了，境界委实不低。

听说自己是上帝的长子，周围的人，包括妃子，都位列仙班，哪有不乐的道理。于是，林灵素就成了通真达灵先生，徽宗的座上客。不仅他得了赏赐万千，连京师所有的道士都沾了光，个个都有俸禄。京城道观，得赐的田产众多。每逢做法事，京城里的贫民冒充道士，也可以沾点光，分到一份赏钱，混一顿斋饭，撑得饱饱的。那时候，拜在林灵素门下的道徒，光在京师就有两万人，个个美衣玉食，神气活现。而林灵素出门，王公都得让道。每次登坛说法，都是万人空巷，皇帝亲自在侧听讲。林灵素讲的内容，倒不见得玄妙，都特别逗笑，每次都逗得大家捧腹不止，让皇帝很开心。

宋徽宗赵佶很辛勤地尊崇道士，膜拜上帝，左拜右拜，终于有点不耐烦了。他跟林灵素这些道士们说，既然我是上帝的长子，神霄帝君，那么为何不让上帝册封我为教主道君皇帝呢？林灵素大话说在前面了，当然就得照办。装神弄鬼，一道神符化为青烟，袅袅升空，禀告上帝，册封宋徽宗赵佶为教主道君皇帝。上帝当然没有不准的道理，于是赵佶就成了教主道君皇帝。道士们，就都成了他的臣子和跟班。中介的使命，也就告终。当然，也不用对他们太客气了。不久，大概是这样的神仙游戏玩腻了，林灵素逐渐失势，遂被逐出宫去，流落民间，死了。

林灵素死了，道君皇帝的帽子，却没有人敢摘。神仙的迷雾，依旧笼罩在皇宫。后来，金兵困城，由于开封的城墙高大坚固，善于打野战的金兵，一时半会儿还真拿他们没办法。如果不是徽钦二宗都迷信道士，相信神兵，贸然出击，还不至于那么快就城破被俘。

似是而非的“宫斗”事件

宫廷斗争哪个朝代都有，但主角大抵是爷们。若干小娘儿们切切嚓嚓，只是配戏的。事涉宫廷，明代有三大案，头一个就是梃击。案发之后，人们不约而同，都想到了宫斗上去了。

事情是这样的，万历四十三年五月初四，有个男子，拿着一根枣木梃，就是枣木棍，闯进了慈庆宫，击伤守门者，随后被几个太监拿下。交给皇城御史审问，问了半天，只知道此人名叫张差，其余就什么都不知道了，反正人犯满嘴胡言乱语的，严刑拷打，也是这样。审问者只好以人犯疯癫上报。但是，慈庆宫是神宗的太子朱常洛的住所，而围绕太子的废立，这些年朝野吵得一塌糊涂。朱常洛太子的名分，被拖了很久，才在神宗的母亲干预下拿到。而明神宗朱翊钧爱屋及乌，喜欢郑贵妃生的皇三子朱常洵，也是秃头上的虱子——明摆着的事儿。所以，太子宫里突然闯进来一位刺客，大家想都不用想，怀疑的矛头，就指向了郑贵妃和她的弟弟国泰头上。

于是，换人再审，经过一番曲折，张差的口供里，有了郑贵妃宫里的太监庞保和刘成。说是这两人许他几亩地，给了他一根棍子，让他进来打人的。但是提审这俩太监，俩人抵死不认，说根本没这回事。不过，朝议汹汹，大家众口一词，已经断定郑贵妃就是指使者。

其实，这事挺蹊跷的。你说是有人指使的刺客行凶吧，一个毫无武艺之人，拿着根棍子，这样的刺客行刺，近乎儿戏。你要说没人指使吧，这深宫里面，防守甚严，一个汉子，拎着一个枣木棍，怎么混进来的呢？宫里门户千重，一个从来没有来过的人，怎么就那么巧，一闯就闯到太子宫里去了呢？

然而，说是郑贵妃所为，证据也相当牵强，仅仅是一个张差的口供，行刺太子,仅仅给几亩地做报酬,也显得不大合乎情理。是不是受了诱供，真都不好说。原本皇帝立哪个儿子为太子，基本是他自己的事儿。西周以后，所谓废长立幼，废嫡立庶，根本就无所谓。但是，明神宗朱翊钧，本是个懦弱的皇帝。小的时候,诸事有能臣张居正做主,等到张居正死了,想要自己当家，发现脑子已经残了，什么事都办不明白，于是消极抵抗，什么事也不办。长子朱常洛，本是他一时兴起，探望母亲之时，看上了一个母亲身边的宫女，冲动之下，办了好事，珠胎暗结生下来的。他真正喜欢的，是郑贵妃。喜欢哪个女人，就宠爱哪个女人生的孩子。所以，按神宗的意思，太子应该是朱常洵。然而，朝臣们偏偏就是不喜欢皇帝喜欢的女人，更不喜欢这个女人生的孩子。因此，朝野舆论，坚持要皇帝格守长幼有序的原则，立朱常洛而非常洵。加上神宗的母亲李氏也是当年神宗父亲一时兴起，拉到床上的宫女，同病相怜，所以，朱常洛这个“都人”（宫女）之子，才得以做了太子。而神宗心爱的三子朱常洵，只能被封为福王，多加赏赐，到封地享福去了。腿脚不好的神宗，连自己家的事都做不了主，也的确窝囊到家了。

即便如此，朝臣们依然觉得太子的地位不稳。加上皇太后又死了，撑腰的后台没了，谁知道郑贵妃的耳边风一吹，皇帝哪天就变卦了呢？正好赶上一个梃击案，朝野起哄，把个罪名死死给郑贵妃钉上了。当然也怪神宗没有应变之才，如果按皇城御史的说法，定案就结了，稀里糊涂，让朝臣换人再审，麻烦大了。但是，事情到了这个地步，也只能将错就错。还好，太子朱常洛按照父皇的意思，不许株连，而且自己现身朝堂，说服不服气的朝臣。最后，拿棍子乱闯的张差，被凌迟处死，两位被牵扯进来的太监，也丢了性命。郑贵妃还是好贵妃，父慈子孝，庶母守妇道，一家人和睦如初。宫斗，暂告一段落。

历史上的好多大案，都是迷案。涉及宫廷，不迷都不成。好多的谜团，当时解不开，不仅因为破案手段有限，而且由于涉及的人太复杂，办案人员碰不得。所以，留到今天，当事人都死光了，秘密烂到肚子里，无论如何，都解不开了。梃击案，今天推测，当然有可能跟宫斗有关。但要谋刺太子，倒也未必。找个疯子，领进宫来，吓唬一下，让太子知难而退，也是有可能的。当然，也有可能，这人就是一个疯子，疯跑，疯闯，进了皇宫。皇宫守卫虽严，但历史上乱七八糟的人混进来的事情，也不是没有。王朝末年，法纪废弛，皇宫亦然。但是，事儿只要出来，人们肯定要往宫斗上想。这个国家，自古以来，就是阴谋论的园子，说是宫斗，人人都信，乐意信。就像清末的刺马案，结案说是偶然事件，打死人都不信，人们讲故事，编剧本，越说越玄。

当官——上上下下地折腾

自古以来，领导只要是个明白人，都得用能人，品质好的能人。但前提是，必须得让他放心。

扯淡的马前泼水

朱买臣在西汉，不算一个大人物，但他的名气在后世却出奇地大。没有别的，只因为他是一个刻苦学习，靠苦读做官的模范典型。白衣致卿相的故事，在科举制实行之后，倒是有不少。但在汉朝，这样的美事并不多见。刘邦的沛县那帮偷鸡摸狗的兄弟，布衣致卿相，是因为跟着主子打天下了。天下已定之后，小百姓要想混官场，一般都得从小吏干起，还要有牛人推荐。大把的机会，都给了富人。在那个时代，像朱买臣这样，虽能读书识字，但家贫如洗，最后靠讲经得到皇帝赏识的，其实是个异数。宣称要独尊儒术的汉武帝，急切需要若干通经之人做装饰，他欣赏的博士公孙弘以及朱买臣，都是这样的饰件。这样的饰件，像汲黯说的那样，无非“习文法吏事，缘饰以儒术”。

即使是模范典型，如果故事缺乏戏剧性，也不大容易走红。而朱买臣的故事，恰好有这样的因素。这个靠砍柴卖柴为生，吃了上顿没下顿的穷措大，居然有一个妻子。朱买臣出场的时候，这个妻子已经在台上，看起来已经跟他吃苦若干年了，并没有嫌弃他。只是觉得自己的丈夫边卖柴边大声朗读有点搞笑，总是制止他，又制止不住。最终，到朱买臣四十多岁时，看看日子毫无起色，实在熬不住了，离开他另找人家。朱买臣还劝，说自己五十岁上肯定能发迹，没几年熬头了。显然，这样的安慰，估计是街上每个穷措大的托词，没法让人信的，所以，朱买臣妻还是往前走了一步。

另嫁人的买臣妻，对朱买臣并未恩断义绝，后来跟后夫上坟，看见朱买臣吃不上饭，还“呼饭炊之”。但是，没有了妻子的朱买臣，生活终于有了变化，不再卖柴，跟着太守的上计吏做跟班了。所谓上计，就是每年进京负责应付上级的考核。为了应付考核，各个郡不仅要有专门人员，还有驻京办事机构——守邸。就这样，朱买臣进了长安，伏阙上书，没有消息。正在饥寒交迫之间，幸好得到了乡人严助的推荐，得以面见皇帝。朱买臣见皇帝，说春秋，言楚辞，说得汉武帝高兴。于是就做了官，中大夫——皇帝的侍从。恰好武帝要置朔方郡，宰相公孙弘以为不可，于是武帝便令朱买臣去跟公孙弘辩论。看来朱买臣杂书读得比较多，口才也好，辩来辩去，把公孙弘辩得没脾气了。其实，汉武帝置朔方郡，从经济角度，完全不合理，他自己也说服不了宰相。当时的朱买臣，原本就是被武帝当作东方朔这样的弄臣的，跟弄臣辩论，谁是敌手呢？

再后来，东边的越人老是叛乱。朱买臣献策，说他有平叛之法。于是，汉武帝就命朱买臣做了他家乡的会稽太守。临行之前，说了一句：富贵不还乡，如绣衣夜行，你这下子抖了吧？

朱买臣进京做官期间，也有不走字的时候，有一阵儿官也丢过，他就跑到会稽郡的驻京办去混饭吃。这回，揣了会稽太守的印绶，他依旧穿着往日的旧衣服，再次来到会稽郡的守邸，正好赶上上计之时。上计吏和守邸里的办事人员正在一起喝酒，见朱买臣进来，也没有人起身。朱买臣一屁股坐下就跟着大伙一起喝，酒致半酣，守邸的小吏突然发现朱买臣身上有印绶，近前仔细一辨，发现居然是会稽太守印绶。大惊，出来告诉上计吏，人家不信，告诉守邸之丞，也没人信。小吏急了，拉他们近前去看，果然。那年月，一郡的太守，跟九卿同品级，而且在郡里大权在握，可以生杀予夺。属吏们给太守拜寿，是要呼万岁的。发现向来不起眼的朱买臣，猛然之间变成了太守，所有人都惊呆了，发呆完毕，呼啦啦跪倒一大片。

朱买臣富贵还乡，家乡人无论贵贱，都来迎接。朱买臣发现，他的前妻和丈夫，一个修路工人，也在看热闹的人群中。于是，朱买臣命人将这夫妻俩都带进了太守官邸，养了起来。但是，从卖柴人到太守，这个反差实在太大，刺激也够大，一个月后，他的前妻还是自杀了。

后来，朱买臣和妻子的这段故事，被后人演绎成《马前泼水》的杂剧，到清朝又变成京剧经典剧目，一直演到今天。说是朱买臣还乡，看到前妻之后，有种种的羞辱，前妻还要求回来。朱买臣命人在马前泼了一桶水，让他前妻收起来，能收起来，就收回她。最后的结果，当然也是以前妻自杀告终。这个编出来的戏剧故事，还产生了一个成语：覆水难收。

其实呢，朱买臣没有这样做。仅仅是令人把前妻和丈夫带上一辆车，也就完了。从此，前妻和丈夫，过上了不愁吃穿的日子。只是，需要天天面对这个威风八面的前夫，未免懊悔，心理素质再好的人，估计也挺不住。朱买臣作为刻苦学习的榜样，倒也罢了，但把朱的前妻打成嫌贫爱富的反面典型，加以鞭笞，一鞭笞就好几百年，真的有点过。那个年月，女人也是要吃饭的，一个连老婆都养不活的人，人家跟了好些年，走道（改嫁）之后，还能给前夫饭吃，要论人品，其实真的不差。

调和阴阳的宰相

调和阴阳这样的事，后世一般都是医生在做。中医的理论，但凡生病，就是阴阳不协，治病，无非调和阴阳。实在调和不了，人也就翘了。当然，另一种说法是，治得了病，治不了命。命里该死，医生再怎么高明，也无力回天。但是，西汉年间，一说起调和阴阳，人们都会想到宰相。那时的人们普遍认为，三公的职掌，就是调和阴阳——为人间社会调和阴阳。而宰相为三公之首，自然首当其任。

汉宣帝时，丙吉为相。他给人印象最深的，是一件逸事。有天丙吉在大街上走，看见一群混混殴斗，打得死伤枕籍，血流满地，丙吉置之不理，驱车而过。又走了一会儿，看见一头牛趴在那里喘气，他却停车下来，一个劲儿地问牛的主人，是不是路赶急了，把牛给累着了。跟着他的掾吏（随员）不解，问他，有人斗殴致死你不管，一头牛喘气你却问个没完，这是为什么？丙吉说，混混打架，是长安令和京兆尹这些地方官该管的事，他们管不好，年终考核记上一笔就是。现在刚刚初春，还不到热的时候，牛就喘，如果不是累着了，那就是出大问题了，不该热的时候热了，必定是阴阳不调。三公职掌，就是管这事的，焉能不问？

三公负责调和阴阳，大概发端于董仲舒的理论。天人合一，天象如何，跟地上人的作为有关。阴阳不协，不是冤狱太多，就是统治者做了其他什么伤天害理的事情。所以，非得宰相出面打理，才能把不协调的阴阳再调和回去。这样的说法，对于老百姓是有好处的，但凡有了灾异，无论水旱，王朝都会在自身政治上找原因，做一番自我的检讨和调整。如果调整过后，灾异如旧，那么宰相的位置就保不住了，换人。西汉因为这个事，换掉的宰相有一大把，难怪丙吉见了牛喘神经紧张。其实，真要是人事影响天象，第一个该换的是皇帝。可惜，君主制下，偏偏就是皇帝换不了。

丙吉是狱吏出身，在西汉后半叶儒风大炽的时代，其实是做不了宰相的。但这个高级狱吏，恰好在汉武帝跟卫太子闹翻，穷制巫蛊之时，在廷尉府干狱监。因职务之便，善心大发，救了卫太子的遗孙，汉武帝的曾孙刘询。后来，汉昭帝死后无嗣，霍光拥立昌邑王失败，最后找到刘询继位，是为汉宣帝。说起来，丙吉是汉宣帝的大恩人，但当时汉宣帝尚在襁褓之中，不知此事。继位之后，虽然丙吉也在朝为官，却只字不提。直到后来有人争功，争来争去，汉宣帝发现，真的功臣，是这个不说话的丙吉。由是大感动，让他封侯拜相。丙吉谦让再三，还是接受了。

一个狱吏出身的人，当然知道其实一个王朝的冤狱，是永远断不了的。西汉的法律，在条文上比秦朝少，某些特别残忍的肉刑，也因为缇萦的上书，被汉文帝废了。但严刑峻法之风，却贯穿王朝始终。不管多大的官，只要犯事进了监狱，就得扒层皮。好些名臣，比如李广和周亚夫，都因为不愿意进监狱受辱而自杀。如果人事真的会影响天象，那么他这个调和阴阳的人，恐怕怎么也做不好。所以，他做宰相之后，做的最好的事，就是尽量别在自己手中害人。宰相府的掾吏，不管犯了什么错，他都不将之投入监狱，顶多放个长假，让他们自己识趣离职就是。一个赶车的车夫，因为喝醉，吐在了他的车上。左右要赶这个酒鬼走人，他也不让，说是不能为了一辆车，砸了一个人的饭碗。这样宽厚待人，能不能让天象变得协调一点，我们不知道，反正，他的政敌的确不多。

丙吉的特殊之处，是绝不因为他跟皇帝的关系而显露丝毫的特别。除了宽厚，没听说他有什么政绩，更没见他在调和阴阳方面，有什么表现。但他的位置很稳，一直做到死。死前，皇帝还特意征求他的意见，谁可以接任。一个在民间吃过苦的皇帝，知道感恩，一个同样在民间混出来的高官，不居功自傲。虽然不是明君配贤相，倒也令人感动。

班固说，做高官之后，丙吉也开始读诗礼了，而且皆通大义。但他的宽厚，却跟这些儒家经典，关系不大，只能说是天性。或者，在做狱吏时，见了太多的残忍，后来良心发现了。

循吏的猴子屁股

西汉中期的黄霸，是个人物。后汉儒生，每每称道之，班固的《汉书·循吏传》上，有他浓墨重彩的一笔。余英时先生认为，西汉的循吏，是以“师儒”的身份从事教化的。可是,如果我们仔细考察黄霸这个人，就会发现，此人其实不算是一个儒者，许多同时代官僚，至少通一经，有过研习儒家经典的经历。但他学习儒家经典是在监狱里，听起来并不靠谱。他的治理之道，骨子里，还是申韩之术。只不过，他执法较为宽容而已。

黄霸进入仕途，是通过纳赀，即买官。汉武帝大动干戈，国库空了，于是大肆卖官鬻爵，黄霸就是这么混进来的。买官之人，官场上没人看得起，总觉得他们将本求利，是进来捞的。但是黄霸表现不错，很清廉。大约家里有钱，没打算借官生利。而且他有一个特点，执法比较宽，能放人一马，就放人一马。西汉走到宣帝这儿，一直都是秦朝的调子，严刑峻法，只有文帝时稍宽了一小会儿，汉武帝就又开始老调重弹。上有所好，下必甚焉。于是，酷吏当道，百姓稍有干犯，小命必定不保。官吏的日子也不好过，不管多大的官，一旦有过失，马上投进监狱，即使不死，也剥层皮。

西汉到了宣帝时分，问题已经比较多了。黄霸来自民间，懂得严刑峻法给民间带来的痛苦，也知晓酷吏的冷面对于官僚集团的伤害。于是，他要改弦易辙。慢慢地，黄霸这样执法较宽的人，就浮出水面了。

黄霸崭露头角，是在做廷尉正的时候。廷尉掌天下刑狱，下面的郡县，但有疑难案件，都交由廷尉衙门审理。廷尉正，是廷尉的主要助手。一个执法尺度宽的人来做这个，好多人的命就保住了。但是，酷吏势力不小，老是宽纵，也会得罪人。在廷尉正任上，当时的大儒长信宫少府夏侯胜，因为非议诏令得罪，他给压下了，因此，被人举报，他也进了监狱。罪当死，不知怎么就没行刑，跟夏侯胜关在一起。一关就是三年，跟着夏侯老先生学了《尚书》。三年之后，俩人都出狱，重新为官。汉代监狱环境，以恶劣闻名，黄霸有学习的条件，实在难得。

这一回，黄霸可就抖了。做颍川太守，皇帝特许他的车盖高一丈，遮不了风，挡不了雨，但招摇得紧。只是，学了《尚书》的黄霸，到了颍川之后，干的活儿好像跟儒学也没多少关系。首先是分遣良吏，对百姓宣读皇帝诏令。然后把当地的百姓按军队编制编伍，类似保甲制度的做法，以父老做保甲头目，说是要劝善防奸。然后磨磨叽叽地劝百姓种树、耕田，务桑蚕。最搞笑的是，他让当地的乡官（三老之类）和邮亭，都在自己的官舍里养鸡养猪，说是可以救助穷人。当然，实际上很可能是让这些工资不高的基层干部，明目张胆地搞点副业创收。县以下设置政府官员，是秦制，但行到汉朝，这个制度已经有点乱了，最基层的干部们，都有点混不下去了。黄霸想要干点事，不动员乡里三老和亭长们，多半没戏，于是，先来点优惠。

有准保甲制度，加上他又比较勤政，经常下去溜达，所以，他耳目众多，消息灵通。底下的官吏，有人干了什么没他不知道的。有一次，一个小吏下乡，不在邮亭吃饭（里面都养鸡养猪了，味道很不好），自己带了饭在道旁凑合，结果饭里的一块肉还被鸟给叼了去。小吏办完事回衙门，黄霸出来迎接，以表扬的口吻，把这事说了。小吏吓得半死，以为自己干什么都瞒不过长官，于是什么也不敢瞒，坏事也不敢做了。一个小吏如此，别的也一样。

显然，黄霸在颍川干的事，跟儒学没有什么关系。劝农这事，法家更在意。保甲这玩意儿，原本就是商鞅的发明，广布耳目眼线，明察秋毫，也是法家治理之术的应有之义。这样法网严密的治理，盗贼当然没有藏身之所，所以就比较太平，监狱里重犯不多。唯一不同的，是黄霸驭下较宽。有郡丞年老重听，按旧例该淘汰，但黄霸不许，说就让他凑合干好了。换个新的，送往迎来，还要花钱。这事呢，有点像黄老之术。

等到皇帝提拔他做京兆尹（首都市长），他这一套就不灵了。因为京兆达官贵人太多，人口成分复杂，没法建保甲。所以，京兆在他任上，混乱如故，换了能吏张敞才好点。后来，黄霸做了丞相，就更不灵了，连班固都说，他不若前任的丙吉。一日。原来待在张敞家的鹖鸟成群飞到丞相府，黄霸不认识这种鸟，以为是神雀，想要启奏皇帝，说是祥瑞。结果，被张敞一通奚落。后来，作为侍从的侍中史高大受皇帝的亲爱，黄霸拍马屁，提名史高做太尉。结果马屁拍在马腿上，皇帝根本不认为自己的近臣可以做军事首领，黄霸反而遭到皇帝的一通数落。还好，没有罢他的官，于是，黄霸在丞相任上死掉了。

其实，西汉的循吏，跟酷吏的底子差不多，骨子里都是申韩之术。黄霸是个只能做地方官的料，放在丞相位置上，未免进退失据。但是，汉宣帝需要宽政，黄霸有这样的名声，成了符号，只能用他。

班固为黄霸做传，结尾的时候，写了这么一个故事，黄霸年少时，做过主管捕盗的乡官。一次，跟一个善相面的人出游，见到一个妇人，相面的说，此妇当富贵，如其不然，则相书都可以烧了。黄霸一打听，此妇即本乡巫者的女儿，于是黄霸便娶了这个妇人。提这件事，不是说黄霸后来的富贵，沾了老婆的光，而是说这个循吏，功利心还真的很重。猴子屁股那点红，最后还是露了出来。

儒官的正反两面

西汉自武帝之后，儒风越来越炽。虽然独尊儒术什么的还只是个幌子，但公孙弘这样的儒生毕竟可以做宰相了。混进干部队伍的儒生越来越多，并不限于做博士。只是，具体到统治术，还是秦政那一套，为政极为严苛。汉宣帝人称中兴之主，关起门来，王霸杂用，但却想改改辙儿，让统治多一点教化色彩。这种时候，韩延寿这样的人登台了。

韩延寿不是儒生，但托自家老爹的福，一步登天，到朝廷做了官——谏大夫。韩延寿的爹爹当年是燕王刘旦的属吏，为谏阻刘旦谋反被杀。后来有人说，这个人，简直就是比干再世，应该起用他的后代，表彰他的事迹。于是，作为烈士后代，韩延寿就做官了。

韩延寿做了好些地方的太守，每到一处，讲究的就两个字——教化。他做颍川太守时，前任是赵广汉，采用的是法家手段，鼓励人们互相告讦。结果当地打小报告成风，人人自危。韩延寿想要改变风气，无从下手。后来找来数十位当地有德望的老者，酒食款待，商议和睦亲爱，消除积怨之道，介绍了一些儒家礼仪，要大家婚丧嫁娶遵行之。然后让郡中的儒生，戴了皮帽子，下乡主持礼仪。据说这一招还挺好使，风气为之大变。后来调到东郡，他也是这样，再加上开学校，礼聘贤士，表彰孝悌，让他的名声越来越大。后来做到左冯翊太守——半个首都的长官，依旧如此。道上传颂着许多他的事迹，令人感佩。有些事迹似乎是可信的。说他一次出行，随行的骑吏迟到，他让郡功曹惩罚之。后来因为一个门吏进谏，说这骑吏原本早到了，碰巧他爹来看他，为了迎接他爹，结果晚了一会儿。显然，提倡儒术的太守，不能责罚一个孝子，于是，门吏和骑吏都受到了表彰。有的事迹则有点矫情。说他对待下属，恩施甚厚而约誓明志，不许违规。哪个负约违规，他自己先痛切自责，把自己骂得跟孙子似的。结果那些负约违规的人，就后悔得拔刀自刺。韩延寿知道了，哭得稀里哗啦的，厚葬其人。有的事迹则有点可疑。比如说他在左冯翊期间，一次巡行各县，看见兄弟两个在打官司争田产。然后他就大悲痛，说是自己不能推行教化，导致骨肉争产，实在惭愧。于是，称病不干事了。害得一郡的官吏，都把自己捆了，跪在他的门前求他。争产的兄弟闻之，也立刻羞愧得不行，立马表示不争了，把田产让给对方。于是韩延寿大喜，开门出来，跟大伙大吃一顿。共产主义道德由此大发扬，满郡的人，都成雷锋了。

这么好的儒官，最后的下场居然是弃市——被处死陈列于市羞辱之。但这事还真不是因为碰上了昏君，而是他真的犯了事，大事。这事跟当时的另一位名臣有关，此人名叫萧望之。萧升任御史大夫，遗下的左冯翊太守，给了韩延寿。没想到，萧望之任御史大夫之后，麾下的御史查出韩延寿在东郡时，擅自花掉了官款一千万有余。此事为韩延寿闻之，马上说萧望之在左冯翊任上，也花掉了官款几百万，下令究治几位萧望之时代的旧吏，拷掠备至。萧望之弹劾他的奏章未上，他弹劾萧望之的奏章，已经到了皇帝那儿，并借京师长官之便，派人先把萧望之看了起来。幸好，皇帝还比较明白，另派人调查，调查结果，萧望之的事子虚乌有，而韩延寿的事则是真的。不仅是真的，这钱花得相当吓人，韩延寿居然将之用在了扩军上。征召甲士骑士，广置马匹，而且大肆添置车马上的饰物，还招了大批的鼓吹、歌者。没事干，点校军队，比照皇帝出来的架势，摆排场，抖威风。军旗猎猎，鼓角呜呜，刀枪蔽日，铠甲鲜明，还有众歌者唱歌。

汉朝制度，郡太守亲自掌兵，但麾下的军队数量是一定的，不能擅自添加。动用郡中的公款，征召军队，有造反的嫌疑。当然，韩延寿应该没有反意，他花钱装饰军队，无非是满足自己的虚荣心，但这样一来，又有了僭越之嫌。僭越和谋反，两条犯了一条，就该诛九族了。幸好，皇帝看在他烈士之后的份上，只处罚了他一个人。

行刑的路上，鉴于他的好名声，沿路给他送酒喝的人络绎不绝，以至于他喝了差不多一石的酒。砍头的时候，已经烂醉，没有痛楚了。

马周是个好同志

“吾闻马周昔作新丰客，天荒地老无人识，空将笺上两行书，直犯龙颜请恩泽。”李贺的这几句诗，说的是初唐马周的故事。马周是一个唐代的传奇，一个平头百姓，一个到处招人白眼的流浪汉，凭着一纸奏章，就平步青云。此后这样的好事，就基本上没有了，读书人若要官，科举考试慢慢爬就是了。李贺原本是打算爬来着，但不幸的是他的老爹名讳中有个晋字，跟进士的进谐音，人说他为了避讳，不能考进士。李贺这样的诗界鬼才，不考进士，让他考什么呢？所以，只好对马周感慨系之了。

初唐之际，魏征爱提意见，马周也爱提意见。魏征临死，将所有奏章解集，打算传之后世。而马周临死，将所有的奏章草稿付之一炬，说是不能留下来彰君之恶。难怪唐太宗那么喜欢马周，说是一天不见都想得慌。单从这一件事上看，马周真是个好同志。

不过，马周当初没发迹的时候，却是个不讨人喜欢的家伙。落拓不羁，经常因酒废事。做州助教，一个芝麻绿豆大的教官，对讲课不甚了了，每天沉在醉乡里。经常被领导骂，骂烦了，马周要个志气，不为五斗米折腰，拂袖而去，离家出走。身无分文，又不肯卖苦力，走到哪儿，都讨人嫌。曾被一个县令大大地羞辱了一阵儿，大概是挨了一顿胖揍。急了，直奔长安而来，两千多里路，就腿儿着去的。在长安边上的新丰地方，客栈里的伙计，一个劲儿地招呼过往商贩，理都不理他。马周自己要了一斗八升酒，自斟自饮。

到了长安，设法混进中郎将常何家里，做个门客，混口饭吃。此时，玄武门之变已经发生，李世民做了皇帝。初做皇帝的李世民，百废待兴，要臣子们全都上书，给他拿主意。常何是个武将，目不识丁，大犯其愁。马周知道了，对常何说，这有什么难的，交给我办吧。常何恍然，原来家中还有这么一块料。于是，马周替常何长篇大论，写了应该如何如何的二十余事。书上，皇帝还真的看了，别的都一般，就这个常何的二十余事，几乎事事都说到他心里去了。心想，常何一个大老粗，怎么能写出这样的东西呢？找来一问，常何是个老实人，告诉唐太宗李世民说，这是我家门客马周起草的。

就这样，马周时来运转，飞黄腾达。一直做到中书令，位备宰辅，死后得以配享帝庙。马周死于糖尿病，古代谓之消渴病。病重之际，皇帝亲自为其选良宅，找名医。李世民亲自为之调药，太子李治亲临病榻伺候（象征性的）。这样的宠信，这样的荣耀，真是到了顶了。

马周的功劳，主要是建言。跟魏征的声色俱厉不同，马周提的都是建设性意见，每个意见都很委婉，但都挺中肯。马周的建言，主要有这么几个内容：一是劝李世民修养生息，别折腾；二是劝李世民别惯孩子，骄纵诸王；三劝李世民别以宗室勋臣为藩镇，将兵在外。最要紧的有两条，一是慎选州县官，不要用武人对付；二是要唐太宗把唐高祖李渊的宫室好好修修，从城外挪到城里，方便孝敬。

李家人一窝战将，就是一军阀团伙。马上得天下，当然，得跟伙里的伙计们坐地分赃，武人做州县官，顺势而然。但这样的话，等于马上得天下马上治之，不及时转型文治，这个天下必定坐不长久。李渊坐江山若干年，弯子没转过来，到了李世民这儿还不转，麻烦大了。这个主意，切中要害，当然好。

其次，李世民的龙椅，是发动政变抢过来的。尽管上层的关陇集团，多有胡人血统，但面上还是要装汉人。杀了自己的兄弟，逼得老子让了位，这种事，好说不好听，于儒家孝悌的大道理上，无论如何都有亏。对于李世民来说，当下的形势，亟需一种基于孝道的补救。把自己老子从龙椅上逼走，是没办法的事儿，但将之迁往城外，却是大失策。无论李世民孝与不孝，只要你还需要下面的臣民百姓讲孝道，就是装，也得装个样子。所以，马周劝李世民把老爹搬回城里，就近建宫殿居住，也好晨省昏定，早晚问候，实在是好主意。李世民其实自己也正在为此焦虑，窗户纸一捅就破，李世民马上心领神会，立即照办。

马周是个好同志，好就好在总是能提建设性意见，而且都提到某些关键点上，挠在痒处。

狄仁杰冤案

在外国人眼里，唐朝的狄仁杰是神探；在中国老百姓眼里，他是善于断狱的清官，资格比包拯包公还老。其实，狄仁杰只是唐朝，不，确切地说是跨越唐和周的一个能臣。断狱当然是其所长，但弹究大臣，管理财政、打理地方政务甚至领兵打仗都干过，也都干得不错。只是，老百姓眼里的清官，大多数的事迹，都集中在审案子上了。小说家写公案小说，也得这样写。所谓的清官，就是不收包袱，秉公办事，断案如神，不仅能破人家破不了的疑难杂案，而且执法公正，不徇私，不枉法。狄仁杰呢，也的确有过这方面的表现。做大理寺丞的时候，一年清理积案一万七千人次，没有喊冤枉的。但破案的事迹，还真的没见过。更多的时候，他只是力求严格执法，该办的，纵使皇帝求情，也办。不该办的，即使皇帝要办，也不办。唯一的缺憾是，狄仁杰是明经科出身，不是时髦的进士，也没考明法科，等于是弄了一个经学文凭，就出来干法律了。

狄仁杰有两件事特别出奇。第一件事，高宗时，武卫大将军权善才的手下误伐昭陵（唐太宗陵）一棵柏树。唐高宗李治执意要杀，狄仁杰说按律不当死。两下争得面红耳赤，狄仁杰宁死不奉诏，最后还是没杀。第二件，高宗死后，武则天当家，眼看要改朝换代，唐朝宗室多有反者，越王李贞就是一个。反了，事不成，牵连甚众。当时，李贞事发在豫州，事毕朝廷派狄仁杰为豫州刺史。此案受牵连当诛者六七百人，籍没者五千口。狄仁杰密奏武则天，为这些该杀的人求情，结果都改成流放。

救人不死的狄仁杰，却挡不住自己被冤狱牵连。唐周之际，武则天为了扫平阻力，任用酷吏，屡兴大狱。著名的酷吏来俊臣，受武承嗣指使，找上了狄仁杰。来俊臣办案，就是这个风格，安你一个罪名，不承认就是酷刑，整得你体无完肤，求生不能，求死不成，你还是得认账。狄仁杰明白这套，说他谋反，就承认谋反。因此，没有受刑，就在监狱里等死，来俊臣甚至让人代他给武则天写好了“谢死表”。这期间，审问者想要升迁快点，明白告诉狄仁杰，可以诬指审问者的上司，这样就能减刑不死。狄仁杰以头撞柱，宁死也不从。在等着行刑期间，看守比较放松，狄仁杰设法用头巾写血书一封，传给家人，儿子叩阙告状，把血书递到武则天手里。事办成了，于是，武则天召见了狄仁杰，问他，你为何承认谋反？狄仁杰说，不承认，早就给用刑打死了。那为何做谢死表？狄仁杰说，没有这事，一看，是人代签的。于是，狄仁杰活命了，出来继续做官。

酷吏当道之时，所谓审案，就是刑讯逼供，供出来新人，继续抓，抓来再刑讯。攀得越多，用刑越狠，杀人越众，酷吏就越是兴奋。武则天就是要用这一招，摧垮依恋唐朝的官僚们的信念。其实，当时的狄仁杰，并非一个坚定的拥唐派。而且武则天对他，有知遇之恩。当初几次坚持公正执法，背后的支持者，都是武则天。即便如此，如果不是狄仁杰深知刑狱里的名堂，机智地告了御状，武则天也乐意过问，一百个他也没命了。

此后，狄仁杰不仅继续做官，而且是武则天特别信任的宰相。即使武家人武承嗣下蛆，都撼动不了狄仁杰。狄仁杰推荐的人，大多得到重用，武则天甚至都不担心他结党。一次，推荐到自己儿子头上了，武则天也照用，说这是祁黄羊再世，内举不避亲。他推荐张柬之为相，武则天把张柬之从荆州长史提到洛州司马，狄仁杰不肯，非一路拔到宰相，才不说话了（《旧唐书·张柬之传》上说，是姚崇推荐的）。在武则天选择接班人的问题上，狄仁杰也起了很大的作用，这个作用，就是点破了一个人伦迷局。如果武则天选择武姓人做接班人，那么，这个人就只能是她的侄子。现行的宗法制度，侄子是不管姑母死后之事的，那么意味她死后，祭祀就没了血食。如果选择儿子接班，那就不会姓武，而姓李，但血食可以保证的。最后，儿子李显，再次成了太子，由此奠定了李唐复兴的基础。

武则天虽然是个女流之辈，却是皇帝里少有的明白人。以她的智慧，当然知道自己当家立朝，也得用能人，品德好的能人，而狄仁杰就是这样的人。狄仁杰从豫州刺史任上回朝，武则天跟他说，你在豫州干得不错，但你知道谁说你坏话吗？狄仁杰说，如果陛下认为我错了，我就改，陛下明白我没错，是我的幸运，我不想知道谁说了我的坏话。史书上说，武则天听罢，深加叹异。但是，随后狄仁杰就遭武承嗣和来俊臣诬陷下狱。其实，武则天说这话，是在市恩，皇帝给了臣子特别的恩典，臣子却不要。这不光是不给面子的问题，更牵扯到立场问题。狄仁杰在豫州刺史任上，为叛乱余党开脱，本身就担着嫌疑，武则天准了他的请求，不等于说嫌疑就消失了。此番市恩不赏脸，坐实了嫌疑。幸好，在关键时刻，狄仁杰写血书向武则天求救，洗掉了嫌疑，武则天出面，成了狄仁杰的救命恩人，也就放心了。

自古以来，领导只要是个明白人，都得用能人，品质好的能人。但前提是，必须得让他放心。

官场要说模棱话

苏味道是武则天朝的名臣，文章写得漂亮，年幼就有神童之称。那年月是个全社会看重才子的时代，所以这样的人，长大了自然科门高第，仕途顺利，混到高位。在则天朝，还做过好几任的宰相。几上几下，宦海沉浮，基本上稳坐钓鱼船。他的门生问他，做官的诀窍是什么？他用手摸着桌子的棱角，说你看我的手，棱角的两面都摸到，这就是诀窍。说话要说两面话，千万不要下决断。这事传出来以后，苏味道就成了苏模棱，模棱宰相。说两面话，含糊其辞，捣糨糊，就被称为模棱两可。只是“摸”字，在流传中变成了“模”。而苏味道，也成为历史上混事不负责任之臣的代表，留下千古骂名。

其实，苏味道多少有点冤。此人虽然模棱，但为人不坏，在历史上也没留下什么劣迹。小小不言的，也能做点好事。他的模棱，在某种程度上，也是武则天逼出来的。时运不济，苏味道混到高位之后，不幸地赶上了武则天要做女皇，官场形势，为之大乱。一般来说，改朝换代之际，做官的人都比较难做。新主子要招新人，老人要重新站队，如果不打算给旧主子守节，就得想办法对新主子表示效忠，新主子认账与否，还不好说。说话、办事、交朋友，都要谨慎。一个不留神，吃饭的家伙兴许就不在肩膀上了。况且，武则天立的新朝，偏又是个女皇的朝代，这种事，自古没见过，多数人脑袋一时半会儿转不过来。虽说兴兵反抗者倒也不多，但暗中嘀咕的，委实不少。

没有一个皇帝，喜欢下面有人嘀咕的。武则天消灭嘀咕的办法，是鼓励告密，任用酷吏，屡兴大狱。就凭着一封封不辨真伪的告密信，像周兴、来俊臣这样的酷吏，不知干掉了多少大臣小臣。有不满嘀咕的，但也有得罪了人，被人诬告的。要想不被诬告，就必须做老好人，说话模棱，两头堵。做了宰相，不仅不能得罪同僚，更重要的是不能得罪皇帝。武则天这个天下第一位女皇帝，是个明白事的英主，但是，心狠手辣，跟臣子，无论你是哪个，都谈不上交情。俄国女沙皇叶卡捷琳娜，也有众多的面首，用完一个，肯定赏赐众多，封你个高爵厚土。但是，武则天的面首，用的时候宝贝得不得了，不用了，丢开就算。臣子更是如此，宠信的时候说什么都好，说翻脸就翻脸。今天的宠臣，没准明天就成了阶下囚。伴君如伴虎，伴女皇如伴母老虎，不好混。任是遇事模棱，苏味道也因为交友不慎，两次遭贬，一次下狱。苏味道的模棱，实在是应付官场风险的一种无奈，跟后来娄师德的唾面自干，其实是一个路数。

武则天立的大周，到她临死的时候，没有立住，最后又改回了大唐。后世史家，说起唐朝的诸位皇帝，武则天还算是一个明君。但在明君之下，还是有模棱宰相。可见君主制下的政治文化，实在不敢恭维。就算皇帝是个明白人，臣子实话实说，风险也极大。要想踏踏实实走完仕途，告老还乡，最方便的办法，就是学苏味道，说模棱话，两头堵。无论皇帝怎么想，怎么决策，我都可以应付。当然，模棱话，本身就是一门学问，没有师承，不勤学苦练，加上心有灵犀，一般是学不会的。生硬地操作起来，被人看破，反而麻烦。

过去一些高明的算卦的大师，都会这个。你问他父母如何？他告诉你，父在母先亡。无论你是父先亡，还是母先死，或者父母俱亡，父母俱在，他都说得通，立于不败之地。汉语天然的模糊性，给这样两头话提供了特别合适的工具。只要勤学苦练，下可以街头摆摊，算卦混饭，上可以登上庙堂，伴君建功。

古往今来，模棱话，就等于官话，大部分的官话。尽管后世的帝王说起苏模棱，都恨得不行，但却不耽误后世的臣子把苏模棱当作楷模，模棱下去。皇帝就这个德行，权力太大，性情又差，说起来都喜欢直言，真的直言了，立马就不高兴。别说戳了肺管子的直言，就是不大合心意的话，都不大爱听。伴君，要想伴得太平，不模棱，实在没有第二种办法。

佞臣的市场

李林甫是唐朝著名的奸相，死后被人骂了一千多年。他挨骂，在很大程度上，是因为此前此后这样口蜜腹剑的佞臣奸相，朝堂道上，络绎不绝。就像小说《西游补》里的秦桧说的那样，前面的秦桧也多，后面的秦桧也多，干吗总拿秦桧一个说事？历史是要人说的，总得找个典型来说事，找到谁，就算谁倒霉是了。

当然，李林甫被当典型抓出来示众，也有点理由。唐朝走到开元盛世，如日中天，呼喇一下，就陷入战乱，从此往后，只能苟延残喘了。这个责任，总得有人来担，李林甫恰逢其时。史家众口一词，酿成安史之乱的罪魁，就是他和杨国忠。杨国忠不过是个赖子，而李林甫口蜜腹剑，一个奸相的标准形象，所以，不批他批谁呢？

其实，唐朝由盛转衰的罪魁，是唐明皇李隆基。李林甫这样的人，你说他口蜜腹剑，当然也可以，但《旧唐书》上对他的评价是“性沉密，城府深阻，未尝以爱憎见于容色”。这样的人，在政治开明之时，就是能臣，而在政治黯淡之际，则为奸相。为非作歹，需要有条件。具有这样性格的人，大抵都是做官的好坯子，心里那点坏能不能使出来，关键看皇帝喜欢什么。史书上记载，李林甫当政，总是背后坏人，阴人。传统社会，就是熟人社会，朝堂之上，也是如此。一个人城府再深，总是背后整人，时间长了，总是要露出马脚，除非，他每次整人都恰好迎合了皇帝的意旨。

总是迎合皇帝的人，被人称为佞臣。没有皇帝不喜欢人家迎合他的，但是，只要你想着励精图治，就得忍着。容忍臣子提不同意见，然后假装高兴，奖励敢于逆龙鳞、讲怪话的人。对自己身边的人，无论女子还是宦官，不管有多喜欢，都得压制，尽量不听他们在耳边吹风。因为历史的经验告诉他们，这样的人经常坏事，而且坏大事。

但是，盛世来了，尽管隐忧不少，但总的看来形势大好，越来越好，歌功颂德的声音，调子越来越高。一心励精图治的皇帝，也就飘飘然了。一飘，脾气就大，身边的宦官和宠妃，腻了吧唧的甜话儿，也就听得进去了。李林甫就是走宦官和宠妃的路子上来的，他能进入宰相班子，本身就说明唐朝的朝政已经出了问题，问题不在李林甫，而在政治制度的机制。历史上王朝政治的三大祸患：宦官、女主与外戚专权，无一不是制度的机制出了问题。皇帝制度本身，就存在这些隐患，需要皇帝时刻注意，严防死守，才能避免出事，但有松懈，就会有麻烦。这个麻烦就是，正常的政治运作被干扰，而非正常的因素冒了出来。

在一个讲究文辞的时代，李林甫既没有诗，也不能文。唯一留下来的一首诗，堪称唐朝最差，类似今日的老干体佳作。《旧唐书》上还说，他好多字都不认识，把庆贺人家生子的弄璋之喜，写成弄麞。但是，他察言观色功夫一流。最好的武器，就是迎合，而且迎合得你没话说，恰到好处，不觉得他在溜须拍马。

玄宗朝最后一个贤相张九龄，按照老规矩，觉得不合适的事就反驳，宣称不奉诏。唐朝的规矩，如果一项政令，宰相不认可，即使皇帝坚持，也没戏。除非皇帝罢免了宰相，找人另议。如果是以前，当然是皇帝让步。但是，此时的唐明皇李隆基，已经飘起来了，当然不肯再忍。李林甫的贡献，就是暗中迎合，让皇帝的良好自我感觉，得到印证。其实，就是没有李林甫，张九龄也干不长，早晚都会被越来越自负的皇帝赶走。

皇帝听不得杂音，李林甫才会对御史们讲皇家仪仗队里的立仗马的故事，不要他们乱说话，最好不说话。而乱说话的御史周子谅，居然真的被皇帝杀了，这下，御史们就真的成为一声不响的立仗马了。

李林甫秉政二十余年，阴掉不少人，但皇帝信任的宦官高力士，他不会碰，皇帝崇宠的陈希烈，他也不碰。后来凭着杨贵妃上来的杨国忠，他更不敢碰。搞掉的人，固然罪非其罪，但都是皇帝的旨意。但凡哪个人有皇帝恩宠在，他连碰都不会碰。

史书上讲，李林甫为了防止文臣出任边帅，立功后再任宰相，影响他的权势，所以劝玄宗专任番将。番将无文，无法做宰相，所以，他可以一直维持老大的地位，结果导致了安史之乱。其实，唐朝用番将，是一个传统。安史之乱之所以发生，是因为玄宗开边（对外扩张）的瘾发作，边帅竞相立功。边帅要有作为，权限必然要扩大。而皇帝为了满足自己的欲望，也允许他们扩权。武人掌兵，做了节度使，再掌民政，有了财权。自主性是强了，行动力也增加了，但反叛的危险，也随着抬高。这事，李林甫的作用，也就是煽了一点风而已。

在后人眼里，恶贯满盈的李林甫，得到了善终。可是，他死后还没来得及下葬，就被杨国忠诬告，说他跟番将勾连谋逆，并诱使李家的族人出来作证。于是，李林甫遭到了死后的惩罚，被诏夺一切官爵，废为庶人，已经做好的华贵棺材被废掉，换成庶人的小棺材。

李林甫也许想到了，他死后，杨国忠会整他，但却想不到，他临死前郑重托付后事的杨国忠，竟然用他的方式，毁了他和他的家族。恶人被恶人的方式磨掉，正义即使得到体现，也是一个扭曲的结果。

明君帐下的无赖宰相

自古以来，外戚专权，属于朝政的大忌。忌就忌在外戚专权，很容易让江山易主。一个王莽，一个杨坚，都是外戚学习的好榜样，在忠于原朝的臣子看来，实在是大逆不道。但是，王朝政治的三大祸患，宦官、女主加外戚专权，其实都是君主自己惹的祸，赖不得别人。这些人专权的权，都是皇帝自己送的。

比较起来，三大祸患之中，如果没有太大的篡权危险的话，外戚秉政，还是一个比较能让人接受的事实。宦官和女主，在制度上是被排斥的，但制度从来没有规定，外戚不能做官参政。一般来讲，皇帝的配偶，身份地位特别低的也不多，像汉武帝这样，把个舞娘变成皇后的，并不多见。所以，外戚多半出身富贵之家，教育状况尚好，多少都会有点教养。东汉末年，清流们如此在意道德，对于外戚也是可以接受的。真正让士大夫受不了的，是没有命根子的宦官，出来吆三喝四，指手画脚。

但是，唐朝却出过一个无赖的外戚，而且这个外戚还做了宰相，一个一手遮天的宰相。此人，就是杨国忠。

杨国忠也不是无名之辈，他的舅舅是武则天的宠臣兼陪床的面首张易之，堂妹杨玉环，是王妃，后来又成了皇上的贵妃。但在杨玉环尚幼，还没有入选做王妃的时候，杨国忠可就是个市井无赖。那时候他叫杨钊，偷鸡摸狗，赌博打架，连带偷香窃玉，无所不为。这样的无赖，要想做官，当然没门。混不下去了，就去投军。他这样的人，投军能干吗呢，做屯优，给大兵说唱表演解闷的文工团员。大男人干这个，当然让人看不起，伺候人伺候不好，挨揍也是难免的。但是，伺候好了，也真能升上去。就这样，杨钊混进了干部队伍。这期间，杨玉环也被皇帝发现了，生生从儿子怀里夺过来，变成自己的枕边人。杨钊，也就变成了监察御史。

成为监察御史的杨钊，抱住当时宰相李林甫的大腿，按他的指挥棒咬人，屡兴大狱，杀人无数，破家无数。待到杨钊成了气候，官做大了，名字也被皇帝赐为国忠，就该轮到李林甫倒霉了。李林甫的左膀右臂，一个接一个地被杨国忠干掉，李林甫只能看着，毫无办法。还算幸运，李林甫在被问罪之前，病死了，死前，还郑重其事地把家族后事托给杨国忠。但是李林甫未及下葬，杨国忠就收买了李家的族人，诬陷他谋反。结果，做了二十年宰相，位极人臣的李林甫，被贬为庶人，下葬的棺材都改成小的了。

杨国忠成了宰相。唐朝是集体宰相制，凡是三省长官，或者皇帝钦点的人,只要头衔上加上中书门下平章事字样,就是宰相。但杨国忠入相，别人都得听他的，因为他有一个皇帝离了饭都吃不下的妹子。

唐明皇李隆基是个情种，老来弥笃。大诗人白居易为之写了长诗，后人则编了一个又一个剧本,传唱至今。但在当时,他跟杨贵妃的爱情，却把大唐人民坑惨了。杨贵妃是个在政治上没有什么野心的人，不见得会干预朝政，但皇帝爱屋及乌，杨家的男人女人，都抖了起来。杨贵妃的姐妹，虢国夫人、秦国夫人、韩国夫人，排列成行。男人则封侯拜相，杨国忠怎么折腾，谁也不敢跟皇帝多半句嘴，杨国忠也就可劲儿折腾。

杨贵妃的姐姐被封为虢国夫人，经常出入宫禁，在长安招摇。杨国忠跟虢国夫人，是堂兄妹，但却勾搭成奸，也不避人，在大街上就手挽手地晃。唐朝虽说开放，也没开放到堂兄妹可以乱搞的地步，但却没有人敢说什么。

如果仅仅限于男女之事的混乱，倒也罢了，关键军国大事，他也一手遮天。南诏王子阁罗凤原来在长安为质，不知怎么出逃回国。其实这算不了大事，但膨胀的唐玄宗李隆基面子受不了，一定要讨伐。打仗的事，也由杨国忠说了算。杨国忠这种人，用的将领是什么东西，不问可知。第一次征伐南诏，八万精兵，全军覆没。杨国忠谎报军情，说是打赢了，还将败将升了官。然后再派一拨人去，这回七万精兵，再次覆没。杨国忠还谎报军情，依旧说是赢了。前前后后，先后发兵二十余万，俱是久战之锐士，都扔在西南烟瘴之地。害得后来安禄山、史思明作乱，朝中没有什么像样的兵了。但是，就这样折腾，一向英明的唐明皇李隆基，居然对真情一无所知，杨国忠的位置稳稳的。看来，即使所谓的明君，沉湎女色，昏起来也是真昏，两眼一抹黑。

杨国忠的麻烦，在于他跟安禄山结了怨。安禄山造反，打的就是清除杨国忠,清君侧的旗号。说实在的,这样的旗号,还真有点号召力。当时，军事上外重内轻，安史所部，俱是劲旅，朝廷临时拼凑出来的军队，据函谷关坚守,也许还凑合。前方带兵将领,是老于行伍的哥舒翰,他的意思,也是要坚守。但皇帝急于扫平叛乱，要哥舒翰出击，杨国忠也跟着起哄。严旨威逼之下，哥舒翰不得已出击，一败涂地，长安于是不守。皇帝带杨贵妃和杨国忠西逃路上，在马嵬坡，御林军兀自乱了。先杀了杨国忠，然后逼皇帝令杨贵妃自尽。杨家兄弟姐妹,众国夫人,都在乱军之中丧命。不仅遮天的富贵没了，连命都没了，尸骨无存。

皇帝未必都专制，但真要专制，谁拿他也没办法。就是坑他自己，也得让他坑。一个历史看起来风流倜傥而且励精图治的皇帝，说要昏起来，就能让一个女人加她一个无赖兄弟，把自己的江山给毁了。因为，到了这个地步，没有人敢出来劝他一句，告诉他真实的情形。

缝补匠冯道

冯道是五代时期的四朝元老，不仅侍奉过李、石、刘、郭、柴五姓的皇帝，还伺候过灭晋之后，打算在中原立足的契丹主耶律德光。如果都算上的话，说是五朝元老也可以。一般我们讲三朝、四朝元老，都是指伺候过三个四个同姓的皇帝。但是，冯道是真的经历了五个朝代，在其中的四个朝代，都位居高官。

这样的人，如果放在别的朝代，基本上别人不说，自己也会愧死。自打三纲五常之说问世，士大夫的名节，跟女人类似，烈女不事二夫，忠臣不奉二主。跟主子跟多了，就像女人嫁了若干男人一样，脸上不好看，别人在背后嚼舌头。但是，且慢，五代特别。这个时代，女人无所谓节烈这一说。军阀混战，大兵们纵横劫掠，女人无非猎物，你抢来我夺去，即使被轮奸过，还是要跟个人家。有权势的人家，转瞬之间，靠山倒了，家眷依旧成为猎物。当家的主子，也不讲什么伦理道德，梁朝开国皇帝朱温，连自己的儿媳妇都不放过，排班进宫侍寝，下面的人，还有什么不能做的呢？

按东汉班大姑的说法，社会道德，是靠女人来维系的，女人一旦没法讲究贞洁，男人也就随大溜了。所以，五代像冯道这样的文臣，一把一把的，改朝换代，多数人都是官职依旧，连衣服都不用换，接茬伺候新主子就是。文官如此，武将也差不多，除了某些特别倒霉的，基本上上面一茬一茬地换主子，下面的武人，还是旧人。文武的区别在于，文官对于改朝换代，无可奈何，而武将却是改换之事的发动机，只要他们有意，轻则换皇帝，重则换朝代。至于忠诚二字，文官字典里没有，武人呢，没有字典。

欧阳修重修五代史，对于冯道，深恶痛绝，评价完全负面。他人在宋朝，文治已经确立，士大夫道德也开始重整。文人对皇帝像贞女对丈夫一样，忠贞不二，不仅有意识形态上的正当性，而且也符合自身的利益最大化原则。俗语道，学成文武艺，货于帝王家。买主只有一个，当然得强调忠诚，才能卖个好价。但是，冯道所处的年代，是个武夫横行的时代，文人除了歌功颂德拍马屁，就是做会计，帮武人征粮征税。满世界都是长枪大剑，耀武扬威。文官们，在这个杀来打去的年月，能活下来就不错了。草芥一样的若辈，其实没有人会在意他们的忠诚。即使有哪个傻帽刻意表现自己对某个主子的忠贞，只能被嗤之以鼻，当笑话看。

冯道晚年自称长乐老，对自己的一生挺满意，对百姓，对君主，对家人，都对得起。在他眼里，根本就没有欧阳修所谓的大节这回事。其实，他更该庆幸的是，他毫发无损地活下来了，家人也没有遭什么大难。一方面要归功于他比较机智，从来都见机行事，不能说的话不说，总是及时地送往迎来，安排新朝皇帝的登基仪式。后唐李存勖信任伶人，他不说话。石敬瑭父事契丹，他也不说话，契丹人进了中原，他也没有逃难。这种时候，他说话也白说，不仅挽救不了时局，连自己的小命也会搭进去。但是，碰上后唐明皇李嗣源，他说话了。因为这个武人皇帝比较厚道，能听进去话。讲一点奖励农桑、轻徭薄赋、与民休息的建议，多少让饱经武人横暴蹂躏的百姓，得到一点喘息。四朝经历，他只有对后周的柴荣，说了几句不中听的话，但柴荣恰是那个时代少有的明主，所以他也没事。只有在契丹耶律德光灭了后晋之后，胡人肆虐，到处打谷草（烧杀抢掠）之际，他才冒险说了些话，得以让这个胡人早一点撤走，因而少杀了不少百姓。

另一方面，冯道能够安然无恙地活下来，还是因为他没有娶娇妻美妾，没有像张式那样，因为有个漂亮的妻子，引起武人的觊觎，最后遭遇不幸。他也没有攒很多的钱财，不会有人打他的主意。从这个意义上说，冯道虽说身为四朝高官，但也只是苟活而已。在那个乱世，只有这样的苟活，才能活下来。所谓的“长乐”，无非是知足常乐而已。

冯道不幸，生于一个什么规矩都不讲的乱世。在这样一个皇帝和武夫把文人当草芥的乱世，要求文人讲求做臣子的气节，当然是扯淡。一个文人，如果不想死的话，能像冯道这样，做一点补救工作，也算是救时了。唐代，人称姚崇为救时宰相，其实，真的救时宰相，是冯道。

告密者沈括

很小的时候就知道沈括，因为他记录了活字印刷。中国古代的四大发明，至少有一种，跟他的名字相关。后来，又知道他不仅在《梦溪笔谈》里提到过活字印刷，还记录过石油，而且石油这个名词，也是他第一次命名使用的。而且，人家在天文历算方面，也有大把的成就，是中国数一数二的科学家。怪不得宋代那么多文人笔记，就他的记录了活字印刷。由于北宋的活字以及印刷品已经失传，如果没有他的记录，国人的这一项盖世功业，兴许就湮灭了。再后来，举国批儒评法，扬法抑儒，才知道这位著名的科学家，跟王安石一样，还是一个著名的法家，王安石变法事业的战友。

沈括的大名传到今天，法家的形象现今已经没什么人提了，但科学家的头衔，还依然闪耀。相信多数少年宫里，古代科学家的栏目中，沈括肯定在里面。打开百度百科，里面沈括的条目，被他的功业堆满：科学成就、变法成就、天文历算成就、数学成就、兴修水利的成就、出使辽国折冲樽俎的成就……退休之后，还能为人看病，是个良医。这样正面的形象，近乎完人。

可惜，这样的完人，也有不小的瑕疵。这个瑕疵，体现在苏轼苏东坡身上。沈括跟苏轼是同事，一起做翰林学士，也同样以诗词名世。当然，他的文名，要比苏轼差点。宋神宗即位，锐意变法，苏轼的议论，多有不合，于是外放到杭州，做了通判。不久沈括被任为两浙访廉使，出巡南方。到了杭州，老同事重逢，分外亲昵，诗酒酬唱，无日无之。临行，求苏轼手书近作一通，说是作为纪念。当年，苏轼的诗词以及书法，已经相当值钱了，作为朋友和前同事，求个墨宝，理所当然，苏轼也就写了几首近作给他。没想到，沈括返回京城，向皇帝交差之际，把这几首诗详加批注，说是首首涉嫌谤讪新法，恶毒攻击朝政，然后呈给皇帝。由此，兴起了一场文字狱。御史李定和舒亶顺藤摸瓜，找了一堆（差不多有百首）苏轼的诗词，从中挖出了不少恶毒攻击的罪证。于是，苏轼被逮入狱，吃了牢饭，差点丢了脑袋。

当然，苏轼倒霉之际，就是沈括飞升之时。此公升了，就任当时权力超大的三司使，主管朝廷的财政，成为王安石推行变法的助手。然而，王安石罢相，吴充上台，沈括马上转向，上书言新法诸多不便。结果被御史蔡确奏了一本，说他当年说新法如何如何好，现在王安石罢相，他又说种种不好。前后矛盾，是何用心？其实，此时的皇帝，还没有想废新法，沈括的急转弯，来得太快，结果让他也随之失势。不久又因为宋军永乐城的失败被牵连，贬了又贬，从此退出政坛。

有皇权专制，就免不了因言治罪。宋朝是个对士大夫相对宽容的时代，居然也有乌台诗案（即迫害苏轼案，御史台又被称为乌台），有人引为宋代之耻，其实没什么奇怪。乌台诗案中御史在苏轼诗作寻找反动内涵，其实跟清代文字狱的思路，是一脉相承，一个师傅教出来的。只是，沈括作为士大夫名流，从朋友那里骗出诗来，然后详加批注，加以陷害，即使在士大夫品格低下的清代，这样的事情也不多见。那些告密的，多半是下层小文人，或者是别有用心卖身投靠的官僚。正经文人，干这种下作事的，还真稀罕。

当然，古人今人，人性变化不大。今之读书人，纵然做到教授，告个密，诱人进陷阱什么的，也不稀罕。能这样下作，多半是因为借机上升的诱惑太大。诱惑大了，人就把持不住。沈括的那个时代，新旧之争过于激烈，而苏轼恃才傲物，不满新法，目标比较大。黑掉了他，讨得皇帝并王安石欢心的可能性相当大。为官一世，谁不想出将入相呢？于是，沈括就做了小人，士林不齿的小人。

晚年的沈括，创作了不朽的一部笔记《梦溪笔谈》，但日子过得并不好，因为他续娶了一位张氏夫人，是个标准的河东狮子，一声吼，房子也要抖三抖。不仅吼，而且经常性家暴，打得沈括满地找牙，头发揪得掉了一地，有时，被揪掉的头发上，还带着血。任是这样，沈括还挺舍不得的，河东吼一朝去世，翻来覆去地思念，神情恍惚，不久便过世了。

苏东坡下放

苏东坡入仕以来，一帆风顺，才名大著，落拓不羁，交接甚广。号称是上可陪玉皇大帝，下可陪卑田院乞儿，跟什么人都能混。诗、词、文并字都有人捧，在京师时，一幅字可以换好几十斤羊肉，加上薪俸不低，补贴又多，日子过得相当滋润。外放之后，也大抵在杭州、湖州这样的富庶地方做官，名流多，富商多，附庸风雅者更多，人人都乐意贴钱给他，日子比起京师，只好不坏。

但是，一场莫名其妙的官司吃下来，苏轼贬斥黄州，做团练副使，不签公事，即不能管事。北宋一州的军事长官为都监和钤辖，团练使是负责训练乡兵，即今日所谓的民兵，其职能有点类似各地的武装部部长。宋代干强枝弱，地方正规部队都老弱充斥，不堪敷用，何况民兵？团练使就是一个闲差，一个闲差的副职，还不能签公事，就等于挂个衔什么都不做的闲中之闲的闲官。大抵，就是发到下面，下放劳动，插队落户了。

对于被贬之人而言，闲倒无所谓，无事可做，可以游山玩水。但不签公事，补贴就没了，外快也没了。从前的日子，钱来得容易，去得也就快。初来乍到这么个地方，人地两生，一时间也没有人帮衬，一向大手大脚惯了的苏东坡感到了困窘。此时苏东坡已经人到中年，家累不小，有妻有子，还有妾，当然也少不了仆人。一大家子人，每月收入只有四千五百钱，多一个子也没有。怎么办？厉行节约。每月开支日，苏东坡领回钱来，将这四千五百钱分成三十份，挂在房梁上，每日用一份，用叉子挑下来一份。量入为出，尽量节省。如果没有用完，就放在大竹筒里，平时就用这个钱待客。

光节流不行，还得开源，开展大生产运动。自己动手，丰衣足食。苏轼开了五十亩稻田，养了一头牛，自己种地。一次，牛得了豆斑病，即出天花，看看要死。没想到夫人却懂兽医，弄来青蒿，磨成末喂牛，救过来了。从此以后，一家人吃饭不用买米了。

苏东坡还尝试着自己酿酒，貌似也成功了。可惜酿出的酒没法喝，喝了就坏肚子。屡试屡败，最后只得放弃。苏轼酿酒不成，但做肉却大成功。黄州多猪，但当地人不会吃，烧出来的猪肉难吃得要命。苏东坡想出了办法，把肉切成大块，放点佐料，用瓦罐柴火慢慢炖，炖好之后，味美至极。后世人称这道美食为东坡肉。然而今天的东坡肉，却变成了红烧肘子，跟当年的东坡肉除了都用猪肉这点外，已经没有什么共同之处了。

尽管黄州地处偏远，富人不多，绝少名流，但时间一长，人们也知道了苏东坡的大名。请饭的人慢慢多了起来。求诗、求墨宝者也多。苏东坡爽快，只消酒喝到位，但凡有人相求，每每一挥即就。贩夫走卒，甚至营妓，都有他的墨宝。但不像从前，写字可以换钱，换羊肉吃，无论写多少，都是尽义务。有个名叫李琪的人，经常跟着苏轼吃酒，但一直到苏东坡离开，始终未得一字之赐。临别之时，李琪隆重敬酒，取下领巾，向苏轼求诗。苏轼令其研磨，取笔大书云："东坡七载黄州住，何事无言及李琪？"即掷笔袖手，与人谈笑，将要终席之时，李琪再拜相请，苏轼大笑，说，差点忘了。随即续道："恰似西川杜工部，海棠虽好不留诗。"这么好玩的诗，题也就题了，一文也挣不到。

这样的吃法，黄州当地的美食，也跟着名人沾光。一次苏轼去当地人何秀才家吃饭，秀才家的油果特别酥，东坡食后，赞赏不置，问秀才，这果子叫什么名？主人答，无名。又问：为甚酥？旁边人大叫，就用“为甚酥”三字命名甚好。于是，当地从此就有了“为甚酥”油果，传到今天。

经常有人请吃饭，自己家的开支就可以节省一点了。但有几日不出来，没准就会出另外的麻烦。有一次，苏东坡害眼病，眼睛红红的，一个月不好意思出门，坊间竟然传说他死了，害得外地的朋友，闻讯大哭，哭得呼天抢地，才晓得他其实没死。

苏东坡是北宋一等一的名流，而北宋又是一个市场经济颇为发达的时代，这样的时代，名流都有极大的市场价值。然而，经历文字狱，众口铄金，名流也难免遭难。不得皇帝欢心，众人也就不感冒了。还好，宋代的专制还不过分，被贬之官，还不至于是政治上的不可接触者，不是所有的人都以皇帝的是非为是非的。黄州偏远，有名人来了，还是会有人来捧场的。正因为如此，后来苏轼即使被发配到天涯海角的儋州，还是能活下来，而且在某种程度上改变了当地的风气，使地老天荒之境，追慕风雅，这也算是名流下放“插队”的副产品。

说不完的沈万三

沈万三在江南一带，大大有名。小的时候，妈妈和外婆一说谁谁有钱，都不忘加上一句，快赶上沈万三了。见诸于文字的沈万三，颇有些小小的歧义。有的说，他的名字叫沈万三，也有的说，其实是沈万山，还有的说，他名字叫沈秀，万三是人们给他起的外号。比较靠谱的说法，此人姓沈，名富，字仲荣，行三，吴人呼之曰万三。但不管怎么说，这个人应该是有的，是个元朝末年的江南富户，非常有钱。

关于他钱的来源，一种说法是他因为积德，救了一群青蛙，由此得了一个聚宝盆，所以，钱多得不得了。后来他被明太祖朱元璋发配云南，聚宝盆没丢，所以，到了云南，子孙照样是富人。另一种说法是，他是个商人，既做国内贸易，也搞国际贸易，海船直航海外。元朝不过是诸蒙古国的一个，原无所谓海内海外。国内生产不发达，但海外贸易却繁盛。所以，这也是中国唯一发行纸钞的朝代。沈万三因贸易而发家，一点都不奇怪，只要他有本事把相关的蒙古老爷打点好了，就没问题。

当然，沈万三之所以有名，不光是因为他的富有。在元末，估计江南一带，像他这样的富商，不止一个两个。他之所以出名，是因为跟朱元璋搭上了关系。有记载说，在朱元璋初露头角时，沈万三就带头送钱送粮，帮助这个草头王。朱升“高筑墙，广积粮，缓称王”的计策，如果没有沈万三的支持，多半实现不了。当了皇帝，朱元璋又让沈万三帮忙修宫殿，修好了宫殿，修南京城。三分之一的城墙加城门，都是沈万三的手笔。修完了城墙，沈万三还要犒赏军队。大约是口气大了点，惹得皇帝不高兴了。这个时候的朱元璋，已经不是当初礼贤下士，到处装孙子的朱重八了,脾气随着位置的加高,陡然见长。长得有点喜怒无常，动不动就杀人。所以，皇帝一不高兴，沈万三的脑袋就要丢。幸亏朱元璋还有个共过患难的马皇后。这个马皇后，没有夫君那样神经质，还有正常人的理智，觉得人家沈万三没有过错，干吗要杀呢？由于马皇后的进谏，沈万三保住了首级，但死罪免过，活罪不免，活生生给发配到云南去了。

今日的江南，还有很多沈万三的遗迹，真真假假，说不清楚。但在江南文化里，直到今天，著名的旅游点周庄，还有许多沈万三的传说。这说明，在文化里，沈万三还活着。但云南却没有听说沈万三的故事，看来，被发配到那里的沈家人，没有折腾出什么事来。从古至今，即使是富人，也是有根的，拔了根，多半长不好。

过去学历史，教科书也好，历史学家也好，总是告诉我们，皇帝是地主阶级的总代表。但朱元璋这个总代表，却对沈万三这个阶级弟兄，薄情寡义，甚至可以说忘恩负义，以怨报德。其实，朱元璋得天下之后，打击豪强富户,是有计划的行为。被打击的,绝不止沈万三一个。如果说，这个出身贫雇农的皇帝，是出于贫下中农的阶级本性，打土豪分田地来了,当然更不是那么回事。因为打了土豪,财产都归了他自己。历朝历代，只有他对收进宫里的阶级姐妹最狠，死了，还得叫她们殉葬。

任何一个皇帝，都是大地主不假，但说他是地主阶级的总代表，却名不副实。不光农民阶级，地主阶级也没有什么阶级意识。穷人帮穷人的事儿，当然是有的，但穷人整穷人、抢穷人、欺负穷人的事儿更多。同样，富豪之间，有互相帮的，也有互相整的。改朝换代之际，新爆发的不抢老富豪，怎么可能？不仅新老之间要发生战争，新一代内部，也照整不误。哪个高官犯了事，还不是抄家籍没，财产都便宜了昔日的同僚和皇帝。

人与人之间，比较靠谱的关系，当然不是阶级。两个互不相识的富人或者穷人，见了面断然不会格外地亲，不互相坑害，已经相当不错了。道义的讲究，更可能发生在熟人之间，即使不是熟人，同乡也靠谱。同一种言语文化，风俗习惯，会带给人们亲和感，即使非要互相整，刀子也就下去得不那么狠了。

另外，还有一种说法，说沈万三其实在元末已经死了，所有的故事，都不是发生在他的身上。即便如此，朱元璋打击豪强富户的事，也不是假的，明初“巨族皆谪戍”，是载于史册的。沈万三的故事，只是一个象征而已。

和珅的罪过

世人皆知，和珅是清朝第一号大贪官。人们甚至说“和珅跌倒，嘉庆吃饱”。当然，如果算上晚清，和珅是不是第一贪，还不好说。别人不讲，单一个盛宣怀，就比和珅有钱。一个既做大官，又做掌管国有企业的官商的人，和珅怎么比？

和珅被逮，是命里注定的。从来做皇帝的，老子的宠臣，多半是儿子的仇敌。老子越是牛，宠臣越是受宠，这份敌意就越是重。孔子说“三年无改于父之道，可谓孝矣”。然而，把孝道挂在嘴上的皇帝们，几乎个个对上一代的宠臣怀有不共戴天的恶感。只要老子一蹬腿，就迫不及待地一改为父之道，把父亲信任的人干掉。如果弗洛伊德见此，肯定大欢喜，以为这就是儿子的仇父情结的证据，没有跑的。

嘉庆的老爹乾隆爷活得长，做皇帝以及太上皇的时间也长。和珅作为乾隆须臾不可离开的宠臣，倒不是没有预见到自己以后的命运，也想着如何八面玲珑，把后面的皇帝也打点好了。况且，尽管雍正以后清朝就实行了秘密建储制度，但嘉庆的皇帝，是在老爹没有死，升格为太上皇的情况下做的。虽然大权不在，但王朝下一个接班的是哪个，已经公开了。在这种情况下，和珅断然没有这个胆子，敢得罪嘉庆。为了讨好嘉庆，他甚至冒险提前把乾隆立储的消息透露给这个未来的主子（倒霉的是，这件事居然成为他的罪状）。只是，两姑之间难为妇。同时伺候两个主子，实在难。一时半会儿看不到的，只能忽视小的，不能忽视老的。所以，即使没有仇父情结，种下怨恨，也在所难免。

所以，乾隆一死，和珅必定跌倒。但跌倒的和珅，真正的罪名，其实不是贪腐，而是逾制和僭越。

不用说，问案者的倾向，来自当今皇帝。他就是要通过强调和珅的逾制和僭越，来突出这位父皇宠臣对父皇的不敬，从而伸张他惩罚奸臣的正当性。同时也堵了某些潜在的批评者的嘴——我不是不孝，而是为父找场子。当然，如果和珅真的逾制和僭越，从礼法上讲，也的确罪过大于贪腐。好些人以为，帝制时代的御史，就是惩治贪腐的。其实不对，御史的首要使命，是矫正人们的非礼行为，进而遏制逾制和僭越，将不臣之心泯灭在萌芽里。

所以，我们看到，有关和珅案的审理，和珅的某些过失，比如紫禁城骑马，大内里面乘轿之类的事，都成了重大问题。乾隆重病之时，和珅跟人说话，谈笑自若，也成了大逆不道。还有一条，就是和珅将一个出宫的宫女纳为妾，似乎也很不像话。查抄和珅的家，抄出来一座楠木的房子，里面有多宝阁及隔段样式，都是模仿宁寿宫的，也成了逾制的大问题。甚至，抄家抄出来的金银珠宝，不是追究其赃物的来源，而是强调它们比宫里的还要多。比如，有极大的宝石宫里都没有，珍珠手串，和珅家有两百多串，而宫里只有六十余。其实，这些事，都是欲加之罪。紫禁城骑马乘轿，是乾隆特许的。至于谈笑自若，这玩意儿哪里有证据，人家这样指控，你又能怎么样？楠木的房子，无非就是一个大家具，那年头家具模仿宫里是时髦，多宝阁跟宫里一样就有罪了，那么桌子椅子呢？查一查，谁不都这样，怎么会扯到逾制上去了？

不过，和珅的态度却是很好很配合。清朝所有的诏狱，案犯的态度没有不好的。只要审案的人问到的，基本上都承认，即使有个别事项实在离谱，也就是轻轻辩解几句，然后还要诚恳地说道，总之，是臣或者奴才糊涂、该死。当了阶下囚的人都明白，到了这个份上，自己的脑袋肯定是保不住了。问案的，代表的是皇帝，面对皇帝，态度很重要。自家认罪态度好，兴许还能保住家眷，如果一味实事求是，弄得不好，全家，甚至家族的人都会跟着遭殃。不过，一般来说，涉及贪腐的案子，凡是牵连到的人，大抵会被追究。皇帝也贪得很，赃银能多追一点是一点，但唯独和珅的案子不然。固然他宣称，给他送钱的人多到不可记忆，但还是咬出来好些，好些大人物。不听不知道，连福康安这样传说是乾隆私生子的重臣，也要拍和珅的马屁，给他送大块的宝石。一位铁帽子王爷，在袭爵问题上有小麻烦，居然得送他大宅子。不过，行贿的人，无论大小，最后都没有追究。显然，嘉庆并没有把揪出和珅看成本朝反贪腐斗争的一场胜利。他的本意，就是为了扳倒和珅，而且出师有名地扳倒他，扳倒，也就了事。

书海宦海两浮沉的文人

对于那些权倾天下的大牛人来说，读书人的用处，第一，是出谋划策；第二，就是拍马屁。牛人越是牛，第二项工作，就越是重要。

诗人本分是清客

司马相如原名犬子，这名，估计是他老爹起的，爱之甚，担心他长不大，就像后来农民给儿子起名狗剩一样。但是，这个犬子却心胸不小，爱读书，学击剑，知道了蔺相如的故事之后，钦慕其为人，改名相如。

司马相如是蜀人，长成之后，出走巴山蜀水，到中原游历。一手好文笔，汉人喜赋，司马相如的《子虚赋》，人人传抄。但正好赶上汉景帝做皇帝，此人不喜文辞，所以，司马相如混来混去，一官半职也没混上，只能在梁孝王门下做门客，混口饭吃。

后来梁孝王死了，一无所有的司马相如只好打道回府。他是成都人，离成都不远的临邛县县令与之有旧，人穷志短，相如就往依附临邛令。临邛多富人，其中一位叫作卓王孙的，家中有位远近闻名的美人，卓王孙的女儿卓文君，刚刚守寡回了娘家，标准的白富美。

美女谁都念着，但司马相如一介穷小子，身无分文，想也是白想。但是，机会还真的来了——卓王孙大宴宾客，当然落不下县令，县令也把司马相如拉去。酒酣耳热之际，要司马相如弹琴助兴。司马相如猜想，琴声一起，或有佳人偷偷在听也未可知。所以，施展浑身解数，琴声暗含思慕美人之意。卓文君果真在听，听毕，心悦而好之。然后从窗户偷看弹琴人，风采卓然。于是，私心暗许，还担心配不上人家。没想到正想着呢，司马相如的求爱信来了，两人一拍即合，于是，私奔。

白捡了媳妇，老丈人不乐，一个大子不给，俩人到了成都没法过活，于是回到临邛，租了间铺面卖酒。文君当垆，站柜台，司马穿上犊鼻裈（据考证，跟日本人穿的兜裆布类似），跟下人一起酿酒。那时的酒店，可以买了酒在那儿喝，也可以买回去回家享用。女儿做了“女招待”，富人老爹感觉丢人丢不起，没办法，只好分给了女儿一些财产，俩人不用卖酒了，回到成都过日子。文君当垆，司马的犊鼻裈，其实是他们两口子令后世文人最羡慕的风流韵事。不过，人们想的，更多是那个当垆的美女。多少代的文人，每到小酒铺喝酒，就幻想给自家上酒的是个卓文君。韦庄有诗道：“垆边人似月，皓腕凝霜雪。”年复一年，一直到民国，文人还是喜欢到小酒馆小酌。

轮到汉武帝刘彻当家，司马相如时来运转。说也凑巧，司马相如当年在梁孝王处写的《子虚赋》，居然被刘彻看到了。这个好大喜功的皇帝，发出了一声类似秦始皇读《韩非子》时的感慨，恨不得与此人同时游。发出这个感慨的时候，恰好司马相如的同乡杨得意在宫里做狗监，插了一句嘴，说，我的同乡司马相如说，这个赋是他写的。

于是，司马相如被召入宫，成为皇帝的侍从，一个赋又一个赋地被呼唤出来，汉武帝乐不可支。后来，汉武帝派了司马相如一个差事，让他持节通使西南夷，此行必然路过蜀地，意思是让他富贵还乡。果然，司马相如风光了一回，蜀郡太守，亲自郊迎。县令则亲为前驱，为之开路。整个蜀中父老，均以司马为荣，卓王孙在迎接女婿的酒宴上，感慨恨不能早点把女儿嫁给他，又贴了女婿一大笔钱。

然而，向慕蔺相如的司马相如，为官一世，只干了这一件正事，剩下的，就只是陪在皇帝身边，做清客，做供奉，为皇帝吟诗作赋。东方朔口才好，滑稽伶俐，主要贡献是嘴上的，而司马相如口吃，但文笔好，就写出来给皇帝解闷。这样的文人，所起的作用，跟歌儿舞儿，杂耍说笑话的，没什么太大的区别。为将为相的抱负，到了皇帝这儿，都化为云烟了。

说起来，司马相如的赋，虽说都是献给皇帝的，主旨倒也不尽是拍马屁，他是在劝喻、讽喻，宫苑过于宏丽，游猎过于频繁，都不好。汉赋就是这副德行，先是长篇的排铺，华丽的渲染，山如何，水如何，宫苑如何，场面如何，让谁看了，都心旷神怡，最后来两句，其实这样不好，这又有什么用呢？前面大段大段的渲染，早就把最后那点讽喻给湮灭了。

司马相如将死之际，汉武帝命人去他家取书，说是若不然，就被人拿走了。但是，到了司马相如家，相如已死，卓文君说，书早就没有了，写完就被人拿走了。但他临死的时候，写了一篇东西，说是皇帝遣使来问，就把这个东西交给他。汉武帝一看，原来是司马相如劝他封禅的。

后来，汉武帝刘彻，真的封禅了，劳民伤财。另一个司马公司马迁，对此大加讥讽。

拍了一世的马屁，到最后，也只好以拍马为荣了。

读书人的用处

据说汉昭帝刘弗陵说过，用人还是要用读书人。这话不假，做官做吏，没有点文化素养，没法子摆弄。官僚离不开文牍，不识字的人，不会写也就罢了，如果连读都不会，基本上寸步难行。不识字的，做草莽英雄，也许有行的，但做大一点了，也得有读书人帮忙，否则，就只能做草寇，成不了大事。

东汉是个儒生的天下，读书人被儒生包办。不通经的人，基本上就不视为读书人。这个局面当然不好，好些有杂学爱好的才俊之士，就给埋没了。马融、郑玄之辈，固然可以用经义断狱，但儒生包打天下，好多事还真的办不了。难怪东汉一直就没起色，半死不活的。黄巾起义，天下大乱，群雄并起，互相攻杀。这种时候，用人之际，原来读经读得精熟之辈，基本上都废了。大儒郑玄，也只好装神弄鬼，占卜算卦。别的儒生，只能改弦更张，改得不快，弄不好就跟流民一道，填了沟壑。

曹操也是个读书人，但由于出身浊流，跟宦官有关系，所以，无论如何算不得正经儒生。他自己，也以奸雄自命，一出手，就像个酷吏，杀伐决断。所以，混出来之后，用的人，大多是杂家，那种装孝做悌的酸儒，到了他这里，一律成了垃圾。手下众多的谋士，郭嘉、荀彧、贾诩、程昱之辈，都是兵家的底子，玩谋略的。不仁不孝而有治国用兵之术者，唯才是举。曹操《求贤令》这样的话，如果放在东汉盛期，简直就是大逆不道，谁说了，不仅朝野鸣鼓而攻之，皇帝也是要杀头的。但是，战事浩繁，用人之际，读经退不了敌兵，没有办法。所以，读书人的风格，至此一变。会出主意，能办事的大走其运。

读经装孝悌的人没市场了，但若要所有的读书人都变成智谋之士，也是不可能的。好在，读书人还有另外一条活路，那就是当作家。那年月，印刷术还没有发明，作家不能靠版税过日子，但写出来好作品，人们可以口耳相传，可以抄传。尽管是乱世，文学作品依然有市场。有势力的军阀，就是乐意养这些人。

本来嘛，五经那东西，没有多少乐趣，人们不得不读，是因为皇帝喜欢，读了可以做官。而文学，包括民间的歌谣，才是读书人的真爱。经学大盛，但文学也在底下潜伏。东汉末崛起的军阀们，个个都是当年的读书人，曹操这样的，原本就是资深文青。一旦自己说了算了，文学也就冒了出来。文章憎命达，乱世出好文，能出好文的人，当然有安身立命的地方。

所以，像祢衡这样的狂士，曹操没杀。孔融做太守，乱兵打来，饮酒赋诗，真的杀到门口了，只会跑路。按《求贤令》的标准，百无一用。而且经常给曹操捣乱，曹操要禁酒，他引经据典说不行，曹操的儿子曹丕，收了袁绍的儿媳妇甄氏，他也跑出来说不好，说是武王伐纣，把妲己送给了周公。曹操还是忍了，给他一个官做。杨修总是自作聪明，每每猜度曹操的意思，扬才露己，曹操也忍了。

但是，随着曹操扫平群雄，统一北方，他对作家们的容忍度就变小了。如果你仅仅能写出好作品，而不会拍马屁，基本上就不大行了。孔融死了，杨修死了，连半个文人崔琰也丧了命。这事，说起来有点冤。崔琰向曹操推荐过杨训，曹操做了魏王，杨训撰文拍马，称颂其功业和盛德。大约是写得过了，士大夫们一起瞧不起他，也连带着捎上了崔琰。崔琰取来那篇马屁文字，看了之后，写信给杨训，说你的文章写得还不错，现在就得这样写。曹操知道之后，觉得崔琰其实是在讽刺他，一下子将他罚为徒隶，做苦工。没想到这样一来，崔琰反倒名声大震，宾客盈门。曹操一气之下，也把他给杀了。有人说，崔琰其实是冤枉的。冤就冤吧，谁让你没上一道表章，拍一下魏王的马屁呢？

当然，杨训是不会被杀的。那个为袁绍起草讨曹操的檄文的陈琳，辱及曹家的祖宗，投降之后，也安然无恙。因为能奉命骂人骂得如此精彩的人，拍马屁也一样精彩。果然，没有辜负曹操的期望，陈琳写了《神武赋》，歌颂曹操，称颂其东征乌丸的伟业。夸曹操神武奕奕，“单鼓未伐，虏已溃崩”。让曹操很是受用。当初《讨曹瞒檄》止住了曹操的头风，这回的《神武赋》，估计也对他的头风病有帮助。

曹操是个大奸雄，也是个大文人，他知道哪些文学之士有分量。但有分量的作家，必须得做一件事，写拍他马屁的文章。天天拍，倒也不必，但至少得写一篇，而且质量还不能低了。如果一篇马屁文章不写，还成天叽叽歪歪，恃才傲物，即使你的文采再好，脑袋多半是保不住的。

对于那些权倾天下的大牛人来说，读书人的用处，第一，是出谋划策；第二，就是拍马屁。牛人越是牛，第二项工作，就越是重要。

两个美男子留给历史的

小时候听人说书，书里若是夸一个男人长得帅，经常用“貌似潘安”这个说法。这个潘安，比春秋时的城北徐公还要有名，多少年来，都属于中国民间美男子的标板。只不过，古人夸人漂亮，专注于形容和比喻，具体的五官描述几乎没有。男女都一样，男子则目似朗星，面如满月，身如蛟龙。女子则羞花闭月，沉鱼落雁。具体脸生得如何，鼻子和嘴怎么样，进而三围多少，都不知道。反正你想象吧，往美了想，想成什么样，就是什么样。自从潘安之后，连星月这样的比喻都没了，一说，就貌似潘安。

真实的潘安，实际上叫潘岳，字安仁。传来传去，称字不名，结果把字也给省略了。于是，潘安仁，就成了潘安。潘岳是西晋时人，跟他同时，还有一个美男子，在当时似乎名头比他还响，这个人叫卫玠。史书上描绘二人之美的故事，非常相似。潘岳少时挟弹乘车出洛阳道，大概是要外出打猎，妇人围观若堵，争相往车里丢果子，每次猎物没打到，但都满载而归。卫玠也是，年少出行，妇人争相观看，不仅往车里丢果子，还丢花束。就跟西子捧心一样，他们出行的姿态都有人模仿。西施身边的效颦者是东施，潘安身边的效颦者是张载，卫玠的是左思。东施效颦，招笑是招笑，但没有挨揍，可后面两位挫男，却饱饱地挨了一顿砖头、瓦块和臭鸡蛋。魏晋是一个社会风俗从禁锢走向开放的时代，男女之间关系，一改东汉时的授受不亲，变得相当随便。男人追美女，女人慕美男。这样的追星故事，应该实有其事。

不过，卫玠的艳名成就比潘岳还早，成年后的名气也大。五岁的时候，乘羊车入市，见者皆以为玉人，围观的人倾城，估计有女也有男。他的舅舅王济，琅琊望族，人也长得漂亮，但见到卫玠，总觉得自叹弗如，自惭形秽。那个年月，以白为美。女人如此，男人也如此。由此看来，无论潘岳还是卫玠，长得都比较白。

潘岳出身贫寒，以文学显，写了不少马屁文字，才熬到一个县令。而卫玠出身望族，祖父卫瓘，在《三国演义》上能找到名字，就是那个跟着钟会和邓艾平蜀的监军，最后设计将两个大将都杀了，自己安享大功，官拜司空。所以，卫玠做官的机会大把，但都推了不就，最后勉强做了一个太子洗马。太子身边的属官，官阶不高，但日后的出息蛮大的。

不幸的是，二人出道，都赶上了八王之乱。贾后专权，其外甥贾谧用事，潘岳为了出人头地，跟石崇一道，攀上贾谧。史称，他每逢贾谧出行，跟石崇望尘而拜。贾谧专权之时，大块的文章，都是潘岳的手笔。只是贾后蹦跶没几天就败了，他跟石崇都吃了挂落儿，一并被夷三族，一起受刑。俩人在刑场上相遇之后，石崇说，喂，你怎么也来了？潘岳说，我们俩可谓是白首同归。死到临头，还能开玩笑，不失为名士。可卫玠却见机得早，在大乱未发之际，就早早收拾行李，辞官不做，避难江东。只是，到哪个地方，都有人围观，不胜其扰。后来，晋室南迁，建业成了首都，卫玠进京，再一次遭遇人山人海的围观，身体原本就弱的卫玠，围观之下，不知怎么就得了病，一病不起。人称，看杀卫玠。但结局毕竟比潘岳要好。

后世潘岳的名气之所以远远大于卫玠，可能是因为潘岳是文学之士，而且留下来的文字颇多。文学史上，潘岳一般都是有专节介绍的。一介寒士，在一个讲究门阀的时代，出人头地实在不易，不玩命写，玩命巴结，将一辈子沉寂下潦。不过，写多了，因此而留下了不错的文字，被昭明太子编入《文选》，传颂得多了，名气自然就大了。而卫玠所好，是清谈。西晋王家的王济、王澄和王玄并称三王，都是清谈高手，但比起卫玠，都要逊一筹。人说，王家三子，不如卫家一儿。魏晋清谈的高论，虽然也有只言片语留了下来，但即使留下来的，也没几个人能弄明白。卫玠当年都说了些什么，大多都随着历史湮灭了。一个旷世的美男子，能剩下来的，只有“看杀卫玠”一个成语，即便这个成语，现在明白意思而且会用的人也不多了。

郭神仙之死

最早知道郭璞，只当他是个文学家，诗赋做得都好，文学史上有位置，只是读起来有点累。后来发现民间的全神谱上，居然也有他的名字，赫然位列仙班，是神机妙算的郭神仙。而在风水界，郭璞的名声更大，差不多就是祖师爷了。

中国这块土地，喜欢方术之人，从来都不缺乏。道教兴起之前，玩方术的叫方士，兴起之后，就成了道士。郭璞既非方士，也非道士，是个学士，原本是想做官的。但是，两晋之际，讲究门阀，寒门子弟晋升之途荆棘丛生，要想爬上去，只有两条窄窄的小径，一是文学，二是旁门左道。大宅门垄断了官场，但大宅门却带不来好文采，官场怎么的也需要诗赋的点缀，公私应酬，诗酒酬唱，好诗佳赋是必须有的。大宅门出来的人弄不出来，就得靠小宅门的人来办。所以，世族豪门林立的朝廷，总是间或有几个寒门的子弟，掺和其间。潘岳、左思、陆机还有郭璞，其实都是这样应景的文学之士。这样的人，名气不小，掺和的事也不小，但官职却不高。不管跟那些高门子弟混得怎么熟，官阶就是上不去。可是，但凡朝廷有事，首先倒霉的也是他们。

不过，郭璞跟这些文学青年稍有不同，他还懂方术，会占卜，会作法，会装神弄鬼。好朋友桓彝，跟他亲密无间，拜访他，从不预约，推门便进，即便郭璞正在跟女人办事，也不耽误。郭璞警告他，我在做什么你都可以来，但如果我在厕所里，你千万不要闯进去。没想到，某次桓彝喝醉了，忘记了郭璞的警告，闯进了郭家的厕所，只见郭璞裸身披发，衔着一把刀子正在作法。

史书上记载的郭璞作法之事，有的似乎属于医术。说他刚过江东来避难，投奔将军赵固。对于赵固来说，这样一个小官虽然有文名，但也不算什么，又正好赶上他的一匹心爱的良马死掉，心情大坏，干脆不见。郭璞对门吏说，将军的马，我可以让它活。听说郭璞有这个本事，将军大开正门将郭璞迎了进来。郭璞告诉他，你派壮汉三十人，东行三十里，看见一座社庙，用竿子拍打，能拍出一活物来，带它回来，马就可以活。果然，这些壮汉带回来一个像猴子似的东西，这个东西到了马前，对马的鼻子吸了半晌，马居然真的活了。其实，这种状况，很可能就是马的鼻疽病。脓血堵塞鼻腔，马就死了一样。如果有这么个猴子似的东西把病灶吸吮干净，病也就好了大半。郭璞五行术数的书无所不读，懂点兽医把式，也不奇怪。

但另外一个作法之事，就有点巫术的色彩了。文学青年，大抵多情好色，郭璞也难免俗。但是，自家没有多少本钱可以勾来大家闺秀，买到美婢良妾，只好打歪主意。一次，他看上了一个高官家的美婢，上门去求，当然没门。就作法，说是在人家宅子周围撒了好几升的红小豆，害得人家一出门就恍惚看见无数的赤衣小人，定睛一看又没了。没办法，只好求他化解。他假模假式地外宅内宅看了个遍，最后告诉人家，这个漂亮的婢女不能留了，速去东南方，给她卖了，别还价，给钱就得。他事先派人在那个方向等着，白捡个便宜。当然，美人到手，人家周围的赤衣人也消失了。这事到底是怎么回事，他到底用的什么巫术，能让人家产生幻觉，不好说。估计红小豆什么的，多半是后人添油加醋弄出来的。反正使了点诈，像传说中唐伯虎点秋香似的，骗人一个大美妞。如果好事者演绎一下，又是一个秀才美人的风流韵事，可以写电视剧的。

当年，郭璞最牛的事业，是占卜算卦。也许，他更乐意做的，是出谋划策，写奏章规劝皇帝，这样的事他也做了，奏章写得也挺靠谱的，可惜没人听。皇帝和大官们需要他贡献的，一是诗赋，二是占卜。在西晋大乱之前，他算了一卦，投策惊呼，天下将要大乱，百姓涂炭，社稷为墟。于是带着家小，渡江南下了。可是，避得了外乱避不了内乱。后来，王敦作乱，将要攻打东晋首都建康之前，找来郭璞，占了一卦。郭璞告诉他，此事不成。王敦不高兴了，问他：你看我寿数几何？郭璞说，如果你退回武昌，那还能活好长时间，如果贸然起事，大祸临头。王敦又说，那你的寿命有多长呢？郭璞答道：就在今天中午毙命。盛怒的王敦杀了他，自己起兵之后，也病死了。

作为神算子，算出了他人的死命，也算出来自己的死期，够神的。但实际上郭璞做的，不是占卜，而是政治。他是用自己的命，为王朝效了最后一次劳，别的不说，至少在大战之前，乱了王敦的军心。这一点，朝廷当家的王导心里也明白，郭璞死后，被追赠弘农太守，得到了他生前无论如何都没有办法得到的官位。当然，如果他真像人们传说的那样，具有法术的话，王敦这样的凡夫俗人，应该奈何不了他。所以，《晋书》上的说法是，他的死，其实是因为他作法时被桓彝撞破，命里注定的。

在后世的道士嘴里，郭璞其实是升仙了。仙人不会死，信不信由你。

昭明太子的幸运

昭明太子，就是南北朝时期，南边梁朝的太子萧统。历史上的太子多了，但能留下一部文选的，就他一个。《昭明文选》，是由他主持，和众文士编选的。关于这部文选，明朝有个逸事，说是某秀才翻看过后，提出质疑:“既曰文选，为何有诗？”有人答曰:“那你问昭明太子去。”“昭明太子是哪个？”“已经死了。”“既然已死，就不问了。”“不死，你也问不了。”“为何？”“他读的书多。”读书多的昭明太子，编的文选影响确实大，后来的人舞文弄墨，或多或少都有文选的影子。直到五四新文化运动，冲锋陷阵的健将们还号召要灭了“选学妖孽”，大约是烦透了民国时大人物往来的四六文电报。其实，新文化运动都过去快一百年了，牛逼的大学中文系才子，还会尝试做一下骈体文。由此可见，昭明太子阴魂难散。

历史上的昭明太子，命却很短，只活了三十一岁，跟他活了八十六岁的老爹比，实在是短寿。他老爹如果不是出了意外，着了一个北朝来的混混侯景的道，被活活饿死，不知还能多活多少年。萧统三十一年的生命，跟书息息相关。成年之后，家里藏书逾三万册。史书上说，他三岁受《孝经》《论语》，五岁遍读五经，悉能讽诵。小的时候，老爹开宴会，就经常让他当众赋诗，一挥即就，比曹植还迅捷，很给他的爹长脸。史书上还说，萧统读书数行并下，过目皆忆。俗称所谓一目十行，过目成诵者。世界上是不是真有这样的天才，咱没见过，但从古至今，老是有人这样说，或许有吧，昭明太子萧统，就是一个。这样的萧统，自然喜欢跟读书人交往，性格谦和，喜怒不形于色，没事就跟众多文学之士开读书会，讨论学术问题。当年范缜的神灭神不灭的问题，就是太子东宫的一个话题，可惜大家议了那么久，也没个结论。不过，那时的书，都是抄本，量很少，这样的读法，估计用不了三十一年，十年，他的所有藏书就读完了。

读完了书，还有别的事做。第一个，昭明太子还有时间孝敬爹娘，他亲娘病的时候，衣不解带地伺候。娘死了，哭得跟什么似的，饭都不肯吃了。后来在老爹的严命下，总算没饿死，但原来十围肚子，小了一半，活生生等于进了一个减肥班，而且效果显著。发送了亲娘，就帮助他爹梁武帝处理政务。这活儿比伺候病人还难，因为尽管面对自己的亲儿子，梁武帝也不肯放权。事你要办，但决定权在他。他的那些弊政，一样也不能改，用的烂人，也辞退不得。实在看不过去，就上书相劝，但老爹不听，也没办法。估计昭明太子的病，就是这样坐下的。年轻轻的，硬是没熬过他年迈的爹，早早就翘了。

如果萧统不早死，熬过他的爹，顺利继承大位，好像结果更好不了。至少，他现在的好名声会保不住。梁朝的江山，原本就是偏安之局。梁武帝萧衍，本非英主，跟他儿子一样，也是个文学之士。说是文学青年有点过，但撑死也就是一作家。作家秉国政，或多或少都有点浪漫情怀，任用亲贵，放纵贪腐，到了晚年，还一个劲儿闹着要出家，动不动就躲进寺庙里不肯出来，让大臣们拿钱去赎。偏偏这样一个文学老儿，活得那么长，主政将近五十年。如果没有侯景的意外，还不知道活到什么时候。

古代就是这样，人存政存，人亡政息。他梁武帝不死，他的章法就动不了。时间太久了，想动也不行了。

所以，文学青年萧统，如果接手这样一个烂摊子，以他那文学情怀来处理国政，多半跟后世的南唐李后主和北宋的宋徽宗一样，砸在手上的可能性很大。萧统活着的时候，史书记载说他经常缩衣节食，没事就派手下四处周济难民。京师如此，别的地方就更差。他萧统何德何能，可以只手回天，挽狂澜于即倒？一旦天下砸在手上，史家的笔就不会那么客气了。跟他同样好读书，看起来比他读得还好的兄弟萧绎，藏书十几万册。倒是登基做了皇帝，可惜是个亡国之君，一肚皮的书，没有保住一个残破的江山。一怒之下，一把火把书全给烧了。演成自秦始皇和项羽之后，最大的一次书灾。后人讲书史，提起来就令人眼泪汪汪的。

想想他兄弟萧绎，萧统还真是幸运。

草芥词人

韦庄是五代花间词人之首。花间词，男欢女爱，可做得好。都说唐诗宋词，词在宋代才成气候，成为一代文学的标志。其实五代词，一点不让两宋，只是，赶上一个乱世，长枪大戟的天下。武人们杀来打去，以前为官做宦的文人，陡然降价，最大的功用，是在征粮征税时记账。再不就是在武人登基时，做点仪式性的文章，或者给歌儿舞儿弹唱的小曲,填个词什么的。修齐治平这种大事,基本上想都不用想了。文人掉价，文人的作品，也没人当回事。那年月，百姓是草芥，文人也是草芥。真要是到了没吃的时候，百姓可以杀了晒成肉干做军粮，歌儿舞儿和文人，也一并这样处置。因此,韦庄这样的五代文人,留下来的,也只能是花间词。花间柳下的文人，跟歌儿舞儿一样都是武人的玩物。

韦庄命大，进京赶考，却赶上黄巢打进长安，困在里面若干年，大难不死，写了一部旷世史诗《秦妇吟》。这首长诗里的两句："内库烧为锦绣灰，天街踏尽公卿骨"，经常为人引用，最早见此，书里说是反映了农民起义反抗地主阶级的伟业。但是，诗中的另外两句："家家血流如泉沸，处处冤声声动地"，好像就让这个伟业打了折扣。到了提及身陷贼中（起义军）的秦妇早饭吃的是人肝脍，连黄巢也吃人肉时，让人想到的，大概只能是人间活地狱了。

贼寇如斯，官军也差不多。黄巢过后，最大的一支官军朱温所部，其实就是贼寇变的。那位凭着姿色免于刀锯的秦妇，如果没有死的话，估计最大的可能，还是要重入虎口，化为武人马后的猎物。乱世之中，见机早的文人，躲得快，生存概率比较高。但韦庄这样的，其实算比较笨的，只是命大，才活了下来。世道都乱成那样了，还痴迷科考，考了一次再一次。最后终于考上了，也做了皇帝身边的官，才发现文官一钱不值，如果不赶紧抱一个粗腿，小命随时可能丢了。幸好，他在蜀中碰上了当地的军阀王建，给王建做书记。此书记非彼书记，就是给人家写写画画的听差，比听差多那么一丁点面子而已。

幸好，这个王建，在军阀割据战争中，便宜占得比较多。随着势力的膨胀，野心也慢慢大了起来，终于要打算做皇帝了，尽管是个偏安的小皇帝，但仪式的功夫也少不了。这就用得着文人了，韦庄这样的才子，虽说老了一点，但毕竟是蜀中文坛领袖，多年跟着王建鞍前马后，可以施展的地方和机会都比别个多，一来二去，就做到了前蜀的宰相——门下侍郎兼吏部尚书同平章事。前蜀用的是唐朝制度，不管什么官衔，只要加个同平章事的衔头，就是宰相。

做了宰相，而且是蜀中这个较少战乱的地方的宰相，享福的日子也就来了。出有车，食有肉，家里还有若干佳丽，花间徜徉，也变成了自家园子里的风流。其中，有一个小妾色艺俱佳，被韦庄调教的，琴棋书画，无所不能，吟诗作文，样样皆精，深得这个已经七十出头的老翁欢心。然而，好景不长，一个没留神，小美妞被王建看见了。老婆都是人家的好。五代时的武人，个个都色鬼。王建原本就是个流氓军人，从小兵一路爬上来，半耍流氓半耍枪。当日为了挤走顶头上司，居然让部下把上司的随从抓了，撕了做下酒菜，活活把个上司吓走。现在碰上自家宰相的美妾，焉能放过？

于是，借口要这个小妾进宫教他自家妻妾吟诗填词，肉包子打狗，一去不回。这样的烂事，在中原称帝的朱温也干，到了臣子家，连人家的祖母带儿媳妇见一个睡一个，连个借口都不找，好歹，王建还找了个算是风雅的借口。

韦庄知道，人是借走了，但想要回来肯定没戏，连提都不能提。提了，自家吃饭的家伙，也许就没了。心里郁闷，填词一首《谒金门》："空相忆，无计得消息。天上嫦娥人不识，寄书何处去？不忍把君书迹，满院落花春寂寂，断肠芳草碧。"据说，此词传入王建宫中，那小妾得知，竟绝食而死。

粗人王建，大概没心情理会这些艳词，就是理会了，也看不懂。所以，可能没明白这女子为何要不吃饭。或者，王建可能也就是一时新鲜，尝过鲜之后，也就搁下，只是忘记物归原主了而已。那年月，死个把女子，根本不算事。所以，此后王建还是做他的皇帝，韦庄也还做他的宰相。只是，做宰相的文人，心里多了一点郁闷，不久生了病，也死了。

浮名与功名

北宋的词人柳永，论词，是第一流的。平心而论，北宋之词，无论后世说的豪放还是婉约，能比柳永更高明的词作，凤毛麟角。就当年在词坛的地位而言，无人能及。人称："凡有井水饮处，即能歌柳词。"更别说青楼柳巷，歌儿舞伎，无处不歌，无人不唱。柳永的文名，甚至传到域外，西夏人也喜欢他的词，后来的金朝风流皇帝完颜亮，也是柳永的粉丝。为了他的一首《望海潮》，夸江南之美，遂起渡江南下之意。唐诗宋词，唐人诗作得好，一顶官帽子断然少不了。宋代虽不以词取士，但词人的仕途一般也都不错。欧阳修和晏殊，都入了相，苏东坡如果不是恃才傲物，眼高于顶，也是个宰相的材料。据说当年宋仁宗取他，就是给儿辈准备的宰相。但是，柳永却仕途蹭蹬，混到死，才是一个屯田员外郎，一个工部什么事都不管的小官（宋代基本上无屯田事务）。宋代好以官衔称人，柳永又被称为"柳屯田"，一个词作打动了无数美女娇娃的风流词人，居然只能有"屯田"之称，真好似某种讽刺。

柳永的苦命，源自他的皇帝。柳永原名柳三变，永是他后改的名。古人对于诗词，看法不同。诗为大道，因为孔夫子说了"诗言志"，但词却被归为小道，男欢女爱的下流玩意儿。宋人喜欢作词，诗里不好讲的儿女私情，卿卿我我，甚至闺阁秘事，都可以放到词里讲。至于诗，则光讲大道理，大哲理，这样一来，宋诗就没法看了。所以，对后人而言，宋代出彩的，只能是词。其实，宋人当年喜欢的，也是词，但词为小道这个宿命，却没有人敢打破。一个文人，如果先以文章闻名，即使后来词也作得不错，问题不大，先占了政治正确。但是，如果反过来，先以词作闻名，特别是这个名声先传到皇帝耳朵里，那就麻烦了。宋仁宗论起来，还算是个好皇帝。可是但凡是个皇帝，多少都得有点装，宋仁宗也不例外。人生在世，艳词艳曲，有哪个不喜欢呢？但做皇帝的，即使喜欢，也得绷着，假装不喜欢。因为，皇帝在文化上，要倡导正经东西，越是一本正经，越好。越是好皇帝，就越是要装，除非像宋徽宗这样的花花公子，才会不管不顾，放手做文艺青年，也跟文艺男女青年鬼混。

柳永，柳三变倒霉就倒霉在他的文名上了。此公年纪轻轻，就文名大著，但人们到处传唱的，都是他的词作。越是暧昧，越是淫冶，传得就越是广。皇帝知道，不高兴，或者假装不高兴。轮到科举考试，明明已经过关进入殿试的柳永，就被黜落。柳词有言："忍把浮名，换了浅斟低唱。"宋仁宗说："且去浅斟低唱，何必要浮名？"十几年后，柳永才勉强进士及第。宋代每年一科，取士特宽，以柳永之才，考了这许多年才考上，运气真够背的。及第之后，吏部不敢给他官做，有好心人把他推荐给皇帝，这么多年了，皇帝居然还记得他，说："此非填词之柳三变吗？""然。""那么，且去填词。"于是，柳三变只好混迹于娼馆酒楼，自称"奉旨填词柳三变"。还有一说，说他干脆挂出招幌：奉旨填词柳三变。像个江湖郎中一样。

后世都认为，失了皇帝的欢心，奉旨填词的柳永，从此无意仕途，成了一个放浪形骸，混迹花街柳巷的文人。活着，靠妓女们养着，死后，无以为葬，还是妓女们凑的钱发送的，而且妓女们每逢忌日，即凑钱悼念，称为“柳七会”(柳永排行老七)。似乎柳永成了为妓女而创作的文人。

其实，宋代实行的是严格的官妓制度，像点样的妓女，都是官妓。官妓没有私妓那样大的自由度，一个文人，不大可能靠这些妓女养着。柳永的词作人们喜欢，妓女们传唱不假，但当时这玩意儿没有知识产权，唱多少曲，也不会拿到一文钱。柳永死后，忌日凭吊的，开柳七会的，其实不是妓女。况且，北宋是个官本位登峰造极的时代，文人墨客，如果不能科考出身，晋身仕途，几辈子都会为人看不起。柳永没有竹林七贤的洒脱，填词这玩意儿，无非是他的爱好，这样的爱好，当年的文人，像点样的，几乎都有。偏偏他把这爱好玩精，玩大了，从此成了反面典型，仕途蹭蹬。但他并非不想中进士，不想做官。最后，虽然不得志，还是得了一个屯田员外郎。虽不好听，但也是官人，足以养家糊口了。

正因为浅斟低唱，柳永才有了浮名，但是他要的，其实是科名。

饮酒之法式

按礼记的说法,酒是跟礼有关的事儿。西周盛世,贵族饮酒,钟鸣鼎食,不是为了口腹之欲,而是为了维持礼制。当然,这种说法,在后世人眼里,无非骗鬼。魏末钟会兄弟,小小年纪就偷酒喝,一个先拜后饮,一个只喝不拜。问以缘由,一个说,酒以成礼,不得不拜。一个说,偷本无礼,所以不拜。人嘴两层皮,墨索里尼,总是有理。

魏晋名士,不拘礼法,第一位的表现,就是乱喝酒。阮籍终日大醉,睡在酒坊漂亮女主人的旁边。好在人家老公不在意,别人也说不出什么。刘伶一路走一路喝,身后跟个童子,抗着把铁锨,说是死了就地埋掉。幸好一直没有死掉,铁锨只当防身了。

自此而后,才俊之士,多半能饮。李白说:"古来圣贤皆寂寞,唯有饮者留其名。"古来圣贤未必寂寞,但留下名的人,倒不见得仅仅因为能饮。在喝酒之外,多少得做点什么出格的事儿。竹林七贤如果不能诗,仅仅喝酒,多半不会有这么大名气。后来的粗人武松,如果光在景阳冈上喝个烂醉,没有打死那只吊睛猛虎,有谁会提这个茬儿呢?

石延年,字曼卿,是北宋跟欧阳修齐名的诗人,不过命却没有欧阳修好。仕途蹭蹬,及第名次不高,从斗屑小官熬起,好不容易进秘书阁做了校勘，人家可以尊他一声石学士了，不久即遭贬斥，外放海州做了通判——一个可有可无的闲差。在海州任上，无事可做，只好饮酒。苏东坡贬黄州，发明了东坡肉，石曼卿贬海州，发明诸多饮酒之法式，都发扬光大了中国的酒食文化。甩掉头巾，光着脚，戴着木枷喝酒，叫作囚饮。钻到树上的木屋里喝酒，叫作巢饮。钻进蒿草束里，伸出脖子喝一口，然后再进去，叫作鳖饮。夜半不燃烛，不点灯，摸黑喝，叫作鬼饮。一边喝一边唱挽歌，叫作了饮。喝一杯之后，爬到树上，登高远望，下来再喝一杯，如此往复，叫作鹤饮。盖房子有《营造法式》，喝酒焉能没有法式？这许多法式，说白了，就是自己折腾自己，穷开心。海州偏远，喝酒无伴，不这样折腾，有酒无趣。一次，京城唯一可以跟他斗酒的刘潜来访，两人在船上剧饮。喝到半夜，酒快没了。石曼卿搜了搜，发现船上还有一大罐醋，遂将醋灌进酒瓮里，喝到天亮，酒醋俱净。没有酒喝的时候，买来大筐的桃子，吃一个，用弹弓把桃核射一个到山谷里，不数年，山谷开满桃花。别的不讲，端的臂力惊人。困了，就倒在草棚子里大睡，棚子上有三个大字：扪虱庵。

不是虚慕古人，石曼卿真的有王猛之才。北宋边患严重，一次石曼卿跟某贵人奉使河东，贵人一路兢兢业业，将沿途山川河流，道路通塞，风土人情，兵事优劣一一考察，记在本上。但石曼卿若不为意，只顾饮酒赋诗。贵人不悦，石曼卿不慌不忙，信口将一路贵人考察出来的东西娓娓道来，一点不差，而且还比贵人记得为多，何处可以屯兵，何处方便埋伏，谈得头头是道。惊得贵人上下颌半晌合不上，以为遇到了天人。

文武全才的石曼卿，却没有施展才华的机会。北宋的体制，说起来是不放心武人，以文治武。但实际上也一样不放心文人，断然不会真的让文人去掌兵。整个体制就是文武隔绝，文官坐在屋子里部署战略战术，武将奉着阵图上阵打仗。契丹人打来，这边宁可损兵折将，也不会让将兵者放手去干。大不了赔点银子，受点委屈。不管边境危机，引得多少有志之士慷慨激昂，上书献策，皇帝都无动于衷。即使真有王猛再世，也没有个苻坚用他出将入相。想扪虱，只好在家扪好了。

因此，石曼卿这样的高才，充其量只能窝在皇家图书馆里，抄抄古书，辑录一点逸闻，校对一下已经成型的类书。这样的大部头，如《册府元龟》、《文苑英华》之类的皇家工程，有好些呢。才俊之士，这样的活儿，有的干的。

当然，才俊之士，并不想干这个。他们实在不忍心，看着泱泱大国，被小小的契丹，打一次输一次，丢人献宝一次。热心谈兵，是北宋文人的风气，其中，也有个把真明白的，可惜，没人用他们。

大概是推荐的人太多了吧，说是仁宗皇帝要用石曼卿了。传出话来，说怕他饮酒误事。石曼卿闻讯，戒了酒。可是，没几天，就死了。朋友做梦梦见他骑匹毛驴，挂着酒壶，到芙蓉城做城主去也。由此，后人尊石曼卿为芙蓉花神。一个志在边关的人，死后得到这样的殊荣，真令人哭笑不得。

米癫原来是宠臣

米芾是个大艺术家，书画俱佳。艺术家的奇闻逸事多，米芾尤多。先是说他有洁癖，不跟人以手相接，怕脏了。茶饭的用具，一尘不染，饭食但有不洁嫌疑，即弃而不顾。收有奇砚，拿出供同僚欣赏，同僚为试此砚研磨如何，吐了口水在里面，米芾即弃之，说是脏了。为女儿择婿，百般挑剔，碰上一个名叫段拂，字去尘的，马上答应了，说是这人“既拂矣，又去尘，真吾婿也”。有位贵人，想试试他这洁癖到底到了什么程度，请他吃饭，将他单搁一席，弄几条汉子洗得干干净净的，脱了上衣伺候。而别的人则美女环绕，左拥右抱，杯盏狼藉。不一会儿，米芾就坚持不住了，转身就钻到别席之上，跟美人混上了。

洁癖敌不过色欲，男儿都差不多。如果没有美女诱惑，米芾其实还是能把持得住的。只是，米芾之癖，不止一种。他还有奇装异服癖，经常穿自己设计的服装，说是唐装，戴高檐帽，招摇过市，人们远远一见，就知道肯定是他。坐轿子，嫌轿顶压抑，命人把顶子拆了，戴着高檐帽坐在里面，过一把敞棚车的瘾。朋友见了，说是像囚车，他也不在乎，相对大笑。

米芾还有石癖，人称石呆子。在涟水做地方官，由于地近灵璧，方便收集奇石，天天迷在石头里。案头，床边，袖子里，到处都是石头。上司因他迷石废事，前来问罪。他随手拿出一石，空透玲珑，说道：如此之石，焉能不爱？没等上司回答，又出一石，色泽奇润，又道：如此之石，安得不爱？上司啼笑皆非，劈手夺过石头，说：你爱我也爱！

米芾更喜欢的事，是收藏古人字画。只要有人收藏有古人字画，他想尽办法也要借来一观。这时候借家可就要当心了，如果不看着点，转身米芾就能临摹、做旧，然后以假易真，你也还真的无从辨别。如果主人盯得紧，没法搞名堂，喜欢得不行，米芾就会耍赖。一次在船上跟蔡攸一起欣赏蔡所藏之西晋王衍的字，看毕，米芾就把字卷起放在怀里，做要跳水自杀状，蔡攸忙问，这是为何？他说，我太喜欢了，生平所藏，未尝有此，宁愿与它同死！蔡攸无奈，只好忍痛赠之。只有一次，他没得逞。有客商售卖唐人戴嵩的五牛图，米芾借来几日，仔细摹好，将摹本还给本主。本主看了看，说，你还我真迹好了。米芾说，你怎么看出来的？本主说，真迹牛眼睛里有童子影，你这个则没有。

这样的米芾，就得了一个米癫的外号。一次见苏东坡，他说：“人都称我为癫，你说我到底是不是癫？”苏东坡笑道：“我从众。”

疯疯癫癫的米芾，无论多么无行，荒废了多少公事，皇帝却都不怪他，别人怎么告，也都伤害不了他。最欣赏米芾的皇帝，是宋徽宗。这个风流皇帝，治国百无一能，但于书画，却是专家。他跟米芾，臭味相投，交情好得不得了。蔡京在宋徽宗之世，既是权臣，也是宠臣，而且字也写得相当棒。米芾当着皇帝的面，贬他贬得一钱不值，但蔡京却不敢说米芾半个不字。米芾经常被皇帝招来，在偏殿写字。别人见了皇帝紧张，书法打折扣，但米芾不然，只要酒菜招待好了，兴致上来，“反系袍袖，跳跃便捷，落笔如云，龙蛇舞动”，字写得特别有神，篇篇都是绝品。由此，得了一个书学博士的头衔。

这个书学博士，在廷上奏对，有座位，不用站着。说得高兴，直叫："皇帝，我要吐痰，让内侍给我拿唾壶来！"皇帝就真的让内侍送来唾壶。有御史欲以失敬罪弹劾他，皇帝说："俊人不可以礼法拘！"算了。

如此得宠的米芾，却得不到真正的权力，朝政还是听蔡京他们的。无论皇帝多么喜欢，米芾也就是皇帝的一乐，无非让你做供奉，为清客，以你的才艺，博皇帝开心。昔日传说，李白如何得玄宗皇帝的欢心，作诗做到兴头上，可以令杨贵妃捧砚，高力士脱靴，即便是真的，也不意味着他李白的地位超越了杨贵妃和高力士。古往今来，凡是能以才艺让皇帝高兴的人，都会有点小特权，就像皇帝珍爱的宝贝，照例会被人高看一眼一样。米芾有才艺，还有点癫，字画娱人，疯癫乐人，兼有东方朔和李白之能，得宠，没得说。

武将的战场谁做主

做鹰犬的，下场都差不多，或早或晚，都要进汤锅，但鹰犬永远也绝迹不了。即使你告诉人们这个道理，依旧会有人做鹰犬，为皇帝的事业，奋不顾身。

官府不容侠士

现在学界的主流说法，士与侠同源，西周的低级贵族士，到了春秋时期，或者演变为后来以学干禄的士，或者变为行侠仗义的侠。其实，这种说法还是有问题的，因为后来从私学里学出来的士，好些并非出身贵族，庶民也有，甚至非国族的野人也有。东周分际，非贵族的庶民，大多都是从贵族圈里坠落下来的，低级贵族能做的事，凭什么他们就一定不会做呢？礼崩乐坏的潜台词，就是原有的身份秩序乱了。大小山头，竞争加剧，竞争需要人才，用人之际，才俊之士也就有了机会。至于从哪个途径出人头地，要看个人的机缘。孔门之徒，大抵走仕途，学成之后跟着卿大夫做家臣，一步步爬上去。鬼谷子门徒，则直接寻到君主，凭兵学的造诣，带兵打仗。而墨家的门徒，则走的是侠士一路，扶危解难，行侠仗义。墨翟这个人，好像就不是贵族出身。

在西周的秩序里，学是王官之学，身份是宗法等级规定好的。人都生活在礼制框架一个一个的格子里，谁也别想僭越，躐等。非礼勿动，非礼勿言，非礼勿视，非礼勿听。设计得很好，但其实在悄然之间，局面已经在发生变化。平王东迁，只是一种变化到了一定程度之后的标志性事件。变了之后，当然也不是没有秩序，但人的身份地位，多少可以自己做主了。

春秋战国之际的侠,大抵习武。习武这点事,原本是贵族教育里有的。西周实行的是贵族兵制，在战车上持戈拿张弓和驾车的，都是贵族，最不济，也是士。从王官之学脱胎而来的私学，当然也要习武。所以，混出来的人，无论相还是将，抑或知名的侠客，都会武。连苏秦张仪这样的舌辩之徒，照样可以领兵打仗。当然，侠士为人做刺客，技击的本事，要大一些。只是，那时的刺客，也并非职业杀手，无非报恩，拼将一死酬知己而已。要离、专诸、聂政和荆轲都是。豫让本是智氏的谋士，为了酬答主人，也就变成了刺客。当然，大概没有一个侠客，有武侠小说里的形象，飞檐走壁，武艺高强，无所不能。他们那点功夫，也就是比一般人强点而已。像荆轲，都近到秦始皇身边了，还是没能得手。三两招之间，居然拿不下一个深宫里的帝王。

不过，侠士的为人都不错，重然诺，轻生死，拯危扶难，行侠仗义，却不留姓名。这样的人，想要不喜欢都难。西汉的时候，这样的侠客，还是不少,像朱家,仗义疏财,救人急难,唯恐人知。帮助季布脱离危难,但季布发迹了，朱家却避而不见。剧孟也是如此，人望极高。景帝时七国作乱,为首的吴楚两国,居然没有寻剧孟帮忙,周亚夫马上抢先找到他,认为七国不会有作为了。事迹传世最多的,是郭解。郭解的父亲就是侠士,在汉文帝时被官府杀掉，但郭解照样子承父业。年少时倒是经常干犯律条，动辄杀人，亡命江湖。但成年之后，不再干这样的事，跟朱家一样，扶危济难，行侠仗义，为人排解纠纷，人望大著。

郭解最大的特点，是讲道理。他姐姐的孩子跟人喝酒，强灌之，被人一怒之下刺死。他姐姐弃尸道旁，逼郭解出手，找出凶手。凶手在郭解门客的追索之下,不得已现身,来见郭解,把事情始末讲清楚。郭解说:“如果是这样的话，这孩子该死，你没事。”把人放了，自己出来把外甥安葬。洛阳有人相仇,本地贤豪怎样调解都无济于事。郭解去了,几句话,双方就和解了。郭解说:“这样一来,我岂不是让洛阳的贤豪没面子了吗?我马上走,你们待会儿等当地贤豪来,听他们的话和解吧。”

但是,这样的人,皇帝不喜欢。郭解先是被强制迁往茂陵,当时迁徙的都是富豪,有一定财产标准的,郭解身无余财,不符合标准,但皇帝一定要他走。要他走,就是拔掉他在当地的根。然而,入关之后,关中豪杰,知与不知,争相与之交结。到了这个地步,郭解就只能死了。不久,因为一个旧日门客的杀人案,郭解被牵连进去,不仅自己死了,连累族人也一道被祸。

官府不喜侠客,表面上,是因为侠客蔑视法令,像韩非子说的那样,以武犯禁。其实,他们是不喜欢民间形成另外一种权力中心,不喜欢民间借侠义抱团,团抱紧了,一旦官府不讲理,反抗也就来了。老百姓,要抱团,只能团结在以皇帝为中心的朝廷,如果不能,最好是一盘散沙。两千多年,朝廷和官府反复打击镇压,侠客也就渐渐没了。到了清代,小说里的侠客,都不过是清官帐下的鹰犬而已。

皇帝胳膊上的苍鹰

汉代的时候，官吏不分。不像后世，官吏分途，吏不过是供人奔走的办事人员，与衙役为伍，统称胥吏。官吏不分的年月，人们习惯称官为吏。《史记》《汉书》上，有循吏传，也有酷吏传。一般来讲，循吏都是儒家门徒，治理地方，讲究教化，而酷吏，则是申韩之术的信奉者，崇拜严刑峻法，杀人不眨眼。但比较起来，反倒是酷吏比较清廉，不捞钱。酷的前提，是他们行得正。

原始的儒家学说，如果要讲其宗旨的话，讲究的是礼制秩序，君主也在这秩序之中，如果君主破坏了秩序，那么至少理论上也可以被当独夫诛掉的。然而，申韩之术的法家学说，君主则成了终极目标。他们也要秩序，但这个秩序，无非是君主的秩序。所以，真正讲究忠君的，不是儒家而是法家。

所以，信奉法家思想的酷吏，个个都是忠君爱君，“三忠于、四无限”的斗士。对他们来说，生命的目的只有一个，那就是君主。为了这个目的，他们可以六亲不认，自己的六亲不认，家人不当回事，连皇亲国戚也不认。只要符合君主的利益，就没有不能做的事情。他们执法，不避权贵，也不畏艰难，胆大妄为，不讲人情，也不通人情。

郅都是西汉排名靠前的酷吏，此人官爵不高，但出头较早。所以，《汉书》酷吏传，他排第一个。郅都是怎么混入干部队伍的，已经无从可考。一露头，就是汉文帝的郎。郎这种小官，地位不高，有的时候还需要持戟站班，但好处是能接近皇帝，如果忠心耿耿，而且有眼色，没准就升上去了。所以，到了景帝的时候，郅都的官大了一点，成中郎将了，成为皇帝的侍从。在朝堂之上，经常不给大臣面子，说话一味向着皇帝。但是，尽管如此，郅都还是不受重视。皇帝的侍从多了，走到哪儿，都一大群人跟着，某个人说话再直，只要说不到点上，也难以换来皇帝的青眼。就像一个人养了一群狗，无论某条狗叫得再怎么凶，主人也未必会因此而多给它一根骨头。

但是，命好的人，机会总是有的。有一次，他陪皇帝逛上林苑。西汉的上林苑，大得不得了，活像今天非洲的野生动物园，里面各种动物都有，而且就这么散放着。皇帝游园，也没有什么特别的防护，所以，汉代还出现过妃子挺身而出，挡在老虎面前，遮蔽皇帝的英勇事迹。但是这次，不是皇帝遇险，而是汉景帝心爱的妃子贾夫人出事了。贾夫人走到半途，要上厕所，进了厕所之后，一头野猪也进去了。这下把皇帝吓坏了，马上看着郅都，意思是赶紧救人。郅都装着没看见，不动。皇帝急了，抄过一支戟来，要亲自冲进去玩英雄救美。郅都连忙拦住，说死一个女人，再进一个女人就是，如果陛下这样玩命，怎么对得起你的老娘，对得起宗庙社稷呢？于是，皇帝止步了。而那头野猪，也没伤到贾夫人。我们看汉代的陶制家居模型，厕所下面就是猪圈，人的粪便，就是猪的食物。猪是杂食动物，无分家野，对于人的粪便，都有强烈的兴趣。上林苑里的野猪，大概也是这样，看见美女进了厕所，也跟了进去，没有劫色的意思，只是要吃美女排泄出来的东西，吃完也就走了。当然，如果换了老虎，贾夫人估计就没这么幸运了。

事情过后，当然贾夫人不会高兴，但是景帝的母亲，强势的窦太后很高兴。郅都说，为了太后，不要在意那个小妖精，简直说到太后心坎里去了。因此，太后赏了郅都金百斤，皇帝当然也不能落后，也赏了金百斤（此处的金，应该是黄铜）。从此而后，郅都就开始走运，不知是皇帝的意思，还是太后的意思，反正，郅都官做大了。

第一个大官是济南太守。济南当地有个豪族大姓，三百余家人，根深叶茂，谁做两千石（太守）也惹不起，惹到了他家，什么事也别办了。郅都做了济南太守，一上任，就把这个家族的核心人物抓来杀了。剩下的，都吓得不敢吱声了。由此，济南郡大治，路不拾遗，夜不闭户。第二个大官是中尉，相当于京师卫戍部队司令（北军的头子），但兼管京师地区治安，所以，一些涉及宗室高官的案件，也可以管。此人不避权贵，不管你是谁，只要皇帝有那点意思，就穷追猛打，毫不宽假。列侯宗室侧目以视，人送外号——苍鹰。

这个苍鹰，挂在皇帝的胳膊上，听从主人的命令，时刻准备扑出去抓猎物。临江王刘荣，原本是皇太子，后来被废，变成临江王，声名不错。但由于做过太子，尽管是汉景帝的亲兄弟，但实际上为政敌。终于，政敌犯了点事，皇帝让他去中尉处对簿公堂，落到郅都手里，那还有个好？无奈，临江王要求给个刀笔，写封信给皇帝，郅都不给。后来临江王想法写了封信，写完就自杀了。这一下，皇帝虽然趁心了，但窦太后不干了。于是，郅都也就交恶于太后，由于皇帝保护，没有丢命，仅仅被免官。但躲过初一，躲不过十五。郅都再度开复，做雁门太守。据说匈奴挺怕他，设法让他着了道，掉入法网。这一次，汉景帝还是想开脱他，窦太后不干。

没法子，面对强势的老娘，景帝只能让步，郅都的脑袋掉了。

做鹰犬的，下场都差不多，或早或晚，都要进汤锅，但鹰犬永远也绝迹不了。即使你告诉人们这个道理，依旧会有人做鹰犬，为皇帝的事业，奋不顾身。有什么办法呢，这就是人，皇权之下的人。

酷吏即是爪牙

哪个朝代，都有酷吏。西汉酷吏里，最有名的是张汤和杜周。张汤小时候，父亲外出，让他看家。结果回来时发现家里的肉被老鼠拖走，小张汤由此挨了一顿胖揍。一怒之下，张汤将老鼠用烟熏出活捉，挖开老鼠洞，找到剩余的肉。然后将“赃物”（余肉）和老鼠放在一起，开庭审理，并加刑讯。写了判决书，把老鼠判处死刑，凌迟处死。他老爹见了他的判决书，文辞如老吏断狱，大惊。由此，自家断狱的公文就不劳动别个了。

打小就展示出强烈断狱爱好的张汤，长大之后，自然在这条路上走了下去，从廷尉史、廷尉，一直爬到御史大夫，位列三公。爬了上去的张汤，让好大喜功的汉武帝很是受用。皇帝喜欢点缀点儒学，他决狱就征求博士的意见。董仲舒以春秋断狱，就是张汤屡屡求教弄出来的故事。这样的故事，不是尊重董博士，而是讨好皇帝。一般来说，皇帝所是，他必是之，所非，必非之。但如果碰到危及皇帝核心利益的案子，即使皇帝有意宽宥，他也不饶。偏偏这样的廷争，后来都会得到皇帝的认可。

汉武帝对匈奴大动干戈，导致海内空虚，贫民流离。宰相束手，但张汤有办法，铁盐官营，国家垄断，出告缗令，对商人额外征税。杀富济国，无非杀鸡取卵，但一时之效，还是有的。只是民怨沸腾，张汤千夫所指，人人痛恨。张汤病了，人人拍手称快，恨其不死，但皇帝却亲自到他家探病，宠信无比。匈奴要求和亲，博士狄山认为可以答应。连年用兵已经导致海内空虚，不如和亲。但张汤却骂狄山迂腐无知。狄山反唇相讥，说我固愚忠，但你张汤是诈忠，名曰爱皇帝，实则害皇帝。汉武帝对狄山说，让你主掌一个边郡，你能否挡住匈奴？狄山说，不能。一个县呢？也不能。那一个关隘呢？狄山一想，若再说不能，命该没了。于是答应说，能。结果这个手无缚鸡之力的博士，就被派去守关。未几，脑袋就被匈奴人砍了。

张汤虽然过分，但比起杜周来，还要逊色一点。杜周是张汤的徒弟，青出于蓝而胜于蓝，做廷尉，整个按皇帝的意图办案，皇帝要怎样，他就肯定怎样，绝不走样。有人质问他，你作为执法者，不循三尺法，专以人主（皇帝）的意思办，这是应该的吗？杜周反问道，三尺法又是从哪儿出来的呢？不就是皇帝的意思吗？于是杜周办的诏狱一年达上千起，逮人六七万。抓人抓多了，抓人的人，就不够用了。于是，廷尉之吏，增加到十万余人。皇帝的直系警察部队，猛烈扩张，比皇家禁卫军的人数还多。

酷吏张汤，也是个廉吏，即后世所谓的清官。死的时候，家产不过五百金。安葬时，有棺无椁，跟明朝的海瑞海大人类似。但杜周却家产丰饶，抓人的时候，看来没忘了抓钱。不过，所谓的酷吏，无论贪还是廉，都是皇帝的鹰犬，而且是特别凶悍的那种。一个在效忠皇帝时，公而忘私，一个则顺便捞点好处。但他们的存在，都是替皇帝咬人的。只要皇帝乐意，哪怕冤狱遍地。像汉武帝这样的人，外尊儒术，内宠法家，一门心思好大喜功，为了推行他的意志，不能不对严刑峻法情有独钟，自然，酷吏也就应运而生了。

杜周说的其实不对，帝制时代的法律，固然会体现皇帝的意思，但绝非皇帝说什么都是法律。法律制定的过程，更多的时候，是法律专家在起作用。而皇帝干预司法太多，势必乱法。稍微明白点的皇帝，都知道如果法乱了，离天下乱也就不远了。所以，一般不到万不得已，不会直接干预司法过程。西汉实行的是地方官主掌司法的制度，多数的案件，地方郡太守有终审之权。交给廷尉或者御史台审理的，只是特殊案件，而所谓的诏狱，往往限于谋反等大案。诏狱横行，不仅中央侵犯了地方的司法权，而且是皇帝加诸地方官之上的一把达摩克利斯之剑。谁也不知道，这把剑什么时候落到自己的头上。

不过，如果人得罪多了，官怨极大之时，皇帝也会拿酷吏的头来安慰一下众怒。所以，酷吏，一般都没什么好下场。没好下场的酷吏，却每个朝代都缺不了。

飞将军李陵

飞将军是汉代名将李广的名号，但是，李广的孙子李陵，也是飞将军。李广有三个儿子，俱是勇将。长子李当户有个遗腹子李陵，从小弓马娴熟，不仅自己神射，麾下五千勇士，个个善射能打，凶悍难当。

汉武帝天汉二年，武帝再次发兵击匈奴，用贰师将军李广利为帅。原本让李陵做后勤，但李陵不肯，要独当一面，自将麾下五千人，侧击匈奴。武帝说，独当一面也不是不可以，但没有马给你了。李陵说，那我不骑马也可以。于是，李陵带上五千步卒，从居延关出发，行三十日，抵达浚稽山，与匈奴单于大队人马相遇。李陵一连跟匈奴主力辗转接战数十日，有时一日接战数十次，杀敌万余，边战边将匈奴引向汉地边塞。尽管汉武帝对于李陵的行踪是知道的，但援兵却迟迟不见。最后只离边塞百余里处，李陵军四面被围，矢尽粮绝，但匈奴这边，也没了歼灭他的信心，打算退兵了。可是，在这个关头，李陵部一个小军官因为跟上司闹矛盾，逃到敌营，向匈奴单于泄露了李陵军队矢尽粮绝，伤兵满营，外无救援的内情。结果，李陵终于失败，力竭被擒。全军最后脱逃者，仅四百余人。

说实在的，以步卒五千，抗匈奴人数万铁骑，能有这样的战绩，在汉人与匈奴的战争史上，是仅见的。此前卫青、霍去病的战绩，都是以多胜少，以巨大的物质消耗为代价的。农耕人与游牧人之间，原本就有着体力、机动性和耐力的巨大差异，农耕人要想占便宜，一般都得以多打少，靠自己巨大的人力、物质和武器优势，才能将对手赶走。一边是骑兵，一边是步兵，一边三万多人，一边五千人，这样的对阵，能打成这样，已经是奇迹了。此次战役，李广利带的三万骑兵主力部队，连匈奴的毛都没摸到，李陵一介偏师，却在跟敌人主力缠斗。按道理，李广利应该马上回师驰援才是，即使李广利不动作，汉武帝也应该派人增援。但是，汉武帝在李陵与敌苦斗之际，做的唯一的一件事，就是把李陵的母亲和妻子抓来，看住，作为人质，防止李陵投降。

听闻李陵没有死节，落入敌手，汉武帝特别生气。不久，又听了一个谎信，说是李陵在教匈奴那边的人如何对付汉兵，马上就把李家人都给杀了，连他的老母亲也没放过。武帝周围的大臣，都在说李陵的坏话，只有太史令司马迁为李陵争辩了几句，说他提五千步卒，深入敌境，力敌数万骑，矢尽道穷，才落入敌手，虽古之名将不过也。相比之下，贰师将军李广利率主力出征，则无功而返。结果，司马迁落了个死罪，甘受宫刑，才免于一死。

贰师将军李广利，是汉武帝宠妃李夫人的哥哥。任用外戚为将，是汉武帝一贯的作派。此前的卫青、霍去病，是他命好，正好撞上两个会用兵打仗的。现在这个小舅子李广利，其实是个资质平平的庸才，皇帝让他出征，不过是为了给他封侯拜相添加一点借口而已。无功而返，又怎么可能问罪？司马迁写史，很有见识，但在政治上，却是个书呆子，替李陵说话，何必要扯上李广利？害得自己丢了命根子。

这边的亲人都被杀光，李陵也就只好在匈奴安家了。李陵深受匈奴单于的优待，把自己的女儿嫁给了他，封他为右校王，日子过得不错。但居匈奴二十余年，从来没有替匈奴算计过汉朝，更不消说领兵南下了。

汉武帝死后，霍光和上官桀秉政，俩人当年都跟李陵有交情，遣使去想招李陵回来。李陵不肯，说了句：丈夫不能再辱。

其实，西汉的时候，要臣子一定死节的道德氛围并未形成。当初汉武帝让李陵做贰师将军李广利的后勤，其实有让他为李广利保驾的意思在里面。李陵不识趣，一定要自己独当一面。独当一面，遇敌苦战，战到死，杀伤众多，李陵固然可以得到死后的褒奖，但功劳却一定要记在小舅子李广利头上。没想到，李陵居然没死，而且书呆子司马迁，偏要把他跟寸功未建的李广利相比。窗户纸被捅破，李陵就只能变成叛徒，才能彰显自家小舅子的伟大。这个冤案，就这样坐实了。霍光和上官桀当然是明白人，知道里面究竟是怎么回事，但李陵蒙此大难，看透皇帝的嘴脸，现在回去没事，谁知道以后怎样？以后皇帝翻脸了，再次追究他的罪过，岂不是再辱？

必须提一句的是，李夫人死后，李广利日子也不好过了，最后的结局，竟然也是投降匈奴，而且受到李陵的好朋友卫律的羞辱，自杀了。

土围子里的土豪

古人打仗，攻城为难。所以，孙子兵法，将攻城视为下下策，那意思，即使万不得已，也别攻城。古人也发明了好些攻城器械，但是，进攻一方的利器，守方总有办法对付。《墨子》里讲的墨子跟公孙班（即鲁班）的斗法，其实是有道理的。所以，古人最经济的攻城之术，就是长期围困，让城里矢尽粮绝，易子而食，就不攻自破了。但是，这样的长期围困，围城一方也有个粮食供应问题。因粮于敌说说容易，但人家城的周围，哪里那么巧，就正好有粮食可以供你掠夺？大军的口粮，还不是得靠外面运来。弄得不好，城里的人没饿到，自己先匮乏了。所以，在古代，只要城池足够坚固，深沟高垒，里面屯了足够的粮食，水源充足，就会有点安全感。南北朝之前，所有割据自雄的豪杰，都喜欢修土围子，当时人叫坞，高大一点的，叫作京。那年月，几乎所有的城，包括长城，都是夯土建成的，所以，所有的围城，都是土围子。

三国故事，从大将军何进开始。何进召集四方豪杰进洛阳，于是来了凉州土豪董卓。这个董卓，兵强马壮，力压群雄，却也喜欢守城。守城不守洛阳，也不守长安，非得筑一个郿坞城。城池坚固，储存上几十年吃不了的粮食，没事就躲进城里待着。四方诸侯来勤王，并没有将他打进郿坞去，自己反而散了伙。但他却被自己的干儿子吕布，联合王允干掉了。《三国演义》上编了一个美女貂蝉的故事，很好看。这故事也有那么点影子，吕布之所以跟董卓闹翻，原因之一，是因为他勾搭上了董卓的侍妾。所谓貂蝉云云，那时候的侍女丫鬟什么的，大抵安在哪个头上都没问题，并不是个具体的人名。吕布的叛变，已经告诉了后来的土豪，堡垒很容易从内部攻破，所以，高筑墙，广积粮，其实也不是什么时候都靠谱的。

董卓玩完之后，当日勤王诸侯之一的公孙瓒，也迷上了土围子。东汉末年，天下大乱，公孙瓒在最初的军阀混战之中，颇有威势，杀了很有实力和威望的刘虞，袁绍和袁术都怕他，纵横幽、并、青、冀四州，无人可敌。只是，公孙瓒出身寒微，既非董卓那样的地方豪强，也不是袁绍那样的门阀，出人头地，得巴结郡太守，从小吏做起。太守得罪朝廷，发配烟瘴之地，为了博名声，他也要跟着去。去之前先祭拜自家先人，说是昔为人子，今为人臣（东汉的习惯，郡吏之君，就是太守），从此一去，兴许就回不来了，就此别过。周围的人感动得鼻涕眼泪一把把的，但太守很快就被赦免，从此他声名大振，得以混进了中高级干部的行列。大乱到来，他也成为一方诸侯了。

得志之后，公孙瓒既不安抚土豪，也不巴结门阀，他将大批的高干子弟，都给派到幽州边境地带，下放锻炼。这样一来，他的日子也就慢慢不好过了，周围的豪强，辽东的胡人，刘虞的旧部，都来打他。对此，公孙瓒有准备，路数跟土豪董卓一样，在易这个地方，修了一座坚城。光深沟，就挖了十道，里面筑高墙，高五六丈，墙里还建高楼，中间最高的高楼，高十丈，自家待在里面。城里储粮三百万斛，多少年也吃不完。根据是童谣说了：“燕南垂，赵北际，中央不合大如砺，惟有此中可避世。”公孙瓒觉得，童谣说的这个地方，就是易，今天河北易县一带。

袁绍发兵围攻，他传信给人家，说兵法上讲，百楼不攻，今我楼高千重，你还攻个什么劲儿啊！可是袁绍就不信这个邪，硬是围攻，几年攻不下来，愣不撤兵。里面的人马包括公孙瓒自己，虽说没饿着，但心理却大坏，被憋急了，几次三番想冲出来，都冲不出来。最后，袁绍的兵挖地道进去，直入核心。楼，一座一座地塌掉，公孙瓒见大事不好，杀了家人，然后自杀了。

古人没有火炮，即使土围子，也不好攻。但只要被围的人外无援兵，被人围在里面，即使有吃有喝的，时间长了，日子也不好过，单一样就麻烦——排泄物没办法运出去，积累多了，里面的人即使不生病，熏也熏得差不多了。味道闻多了，心理就自然焦躁。所以，单纯依靠土围子自卫，就是一种土豪的思路，靠这思路保命，堡垒即使不被内部攻破，外面的人迟早也得进来。

董卓和公孙瓒，在那个军阀混战的年月，都算是豪杰。但这俩豪杰，都给自家的土豪心思毁了。

不起眼的张郃和耀眼的诸葛亮

张郃在《三国演义》里，是个三流的小角色，比龙套稍微强点。但实际上这个人却是个智勇双全的战将，比起三国任何一个排在前列的猛将都不逊色。可是，《三国演义》奉的是蜀汉正统，刻意突出诸葛亮。这样一来，三国舞台上的次要角色变成主角，曹魏阵营整体被矮化，自然，张郃这样的，就数不上了。

为了拔高诸葛亮，对手也得相当。此公六出祁山，对手不是曹魏的头号人物曹真，就是司马懿。六出祁山最惹人注目的失街亭一出，后来被演绎成京剧，大唱而特唱，捧红了不知多少艺人。对阵双方，一边是诸葛亮，一边是司马懿。按罗贯中的意思，若不是马谡处置失当，守山不守城，被张郃断了水道，山上军队渴得不行，只好投降，这一仗，原本是该诸葛赢的。

其实呢，此役诸葛亮的对手，不是司马懿，而是张郃。战事过程，倒是跟《三国演义》上叙述得差不多，只是张郃，而非司马懿打败了只会纸上谈兵的马谡，要不是马谡的偏将王平在城边上扎了一个小营，马谡可能连尸骨都回不来了，当然也不可能被诸葛亮斩了。

当然，马谡的战法，其实是合乎兵法的，孙子云，置之死地而后生，投之亡地然后存。又说，兵形像水，避高而就下。还说，高陵勿向。马谡不是不知屯兵于山上容易被人断了水道，他要的就是这种战场形势。当日韩信，井陉之战，带领一群乌合之众，就是这样打败了敌手。他想的是，先把自己摆在死地上，然后居高临下，冲将下来，魏兵必败。但是，他哪里知道，当年韩信面对的形势是，战败了做俘虏是有可能被杀的，项羽就坑了二十万秦卒。而三国时期，人力短缺，各国都在互挖墙角，招降纳叛，战败投降，肯定不死。所以，韩信置自家兵于死地，士兵会玩命，马谡故技重演，士兵们就投降了。

写《三国演义》当然不可能没看过《三国志》，张郃的这个战功，就被罗贯中给轻飘飘地抹掉了，为的就是突出诸葛亮。即使是马谡的罪过，总的来说，诸葛亮也是要负责任的。这一仗，是六出祁山中败得最惨的一次，败给了不大有名的张郃，这个人丢不起，对诸葛亮高大全的形象有碍。没办法，只好委屈张郃了。

其实，张郃在历史上，一直表现都挺抢眼。在袁绍麾下时，击破公孙瓒，他的功劳居多，官渡之战，作为武将，他是唯一一个能出谋划策的人，但袁绍却不肯听从。兵败之后，反而听信郭图的谗言，要害张郃。张郃降曹操，曹操比之为韩信归汉，马上拜之为偏将军，封都亭侯，委以重任，让他带兵攻打袁绍，势如破竹。此后破马超韩遂，击张鲁，他都屡建功业。守汉中时，在主帅夏侯渊突然战死的情况下，率部众全身而退。这样一个有胆有识，善用谋略的将军，应付诸葛亮，其实是足够的。蜀汉毕竟是偏安之局，人才有限。人说蜀中无大将，廖化做先锋。王平这样老卒，后来都做了大将了。诸葛亮用马谡，多半也是不得已，总得培养几个后备干部啊，谁想到一下子碰上张郃，一炮就打哑了。其实，诸葛亮再出岐山，对手依旧是张郃，还是在张郃面前，毫无作为，只好自己退走。陈寿在《三国志》上说张郃："识变数，善处营阵，料战势地形，无不如计，自诸葛亮皆惮之。”这样的话，罗贯中打死都不肯认账的。

但是，张郃最后还是被诸葛亮杀了，这也是事实。不过，这事，要怪司马懿。诸葛亮三出岐山之时，与司马懿和张郃相持一阵之后，再一次退走。张郃不想追，但主帅司马懿非要张郃追。张郃说，兵法上讲，归师勿遏，最好不要追击。但司马懿坚持己见，张郃没办法，只好带兵追了上去，结果中了埋伏。《三国演义》上的故事很精彩：一声梆子响，箭如雨下，张郃被射成了刺猬。诸葛亮还说，此番围猎，原本要猎一马，结果误中一獐。好轻飘！其实，张郃只是右膝盖上中了箭，如果放在平日，也许无事，但此番埋伏，蜀兵所用之箭，可能喂了毒，所以张郃居然因此而死了。

就从张郃看，诸葛亮六出祁山，其实也根本没有成功的可能。连张郃这关都过不了，还想问鼎中原？最积极的评价，也就是以攻为守。夺取中原，实现刘备的遗愿，不过说说而已。

口称“艾艾”的将军

天底下口吃的人很多，这毛病给别人一乐，给自己则是说不出的痛楚。如果是个人才，有口说不出，或者说不清楚，骡子没准就卖个驴价钱。历史上有两个名人，都有口吃的毛病。前一个周昌，刘邦在沛县时的狗肉朋友，做了太子刘盈的师傅。刘邦晚年跟戚夫人如胶似漆，爱屋及乌，要废长立幼，立戚夫人的儿子为太子。周昌急了，大声抗议，期期不肯奉召。司马迁写出“期期”两字，是摹写周昌的口吃之状，说史记是无韵之离骚，有点道理。口吃的周昌，能混上去，因为人家是皇帝小时候的光屁股朋友。另一个口吃的名人三国时的邓艾，没这么幸运，开始混的时候，因为口吃，无论如何都做不了官，只能做一个看草的小吏。饭都吃不上，却经常比画军事部署，何处扎营，何处排兵布阵，当然被人笑，估计多半被视为精神有毛病的人。

邓艾出身农家，少时为人放牛，什么机缘识的字，史家没有说。东汉时民间教育有一定的水准，但一个放牛郎想要上学，却也不容易。那时尚未有印刷术，书籍更是罕见，他从哪儿得知的兵学呢？莫非像张良一样，得奇人相授？这都是谜，没人说得清。反正一个放牛娃，就是识字了，读书了，而且读陈寔碑，被碑文上“文为世范，行为士则”所感动，给自己起了一个名叫范，字士则。却不知为何，人们还是叫他邓艾。我很怀疑，这个艾字，是人们嘲笑他口吃，给他起的绰号。

不过，被人感觉精神有病的邓艾，经常自言自语，比比画画，嘟嘟囔囔，口吃的毛病，大有改善。后来邓艾居然做了上计吏，可以往京师出差了。三国跟两汉一样，官吏尚未有严格的分野，但上计吏已经算是官了，责任也相当重大，负责进京汇报当地一年成绩，如果应对不好，则本郡太守的官位就玄了。在上计吏这个位置上，邓艾见到了把持朝政的司马懿。口吃的邓艾，一紧张，结巴得更厉害。司马懿打趣说，你口称艾艾，到底有几艾？经人这么一调戏，邓艾倔劲上来，居然应声答道：凤兮凤兮，故有一凤。反应够快的，司马懿忙于夺天下，用人之际，被邓艾打动，留他做了自己的属员。从此而后，在司马帐下，无论策划屯田，还是南征北讨，邓艾功勋屡建。领兵打仗，无论对付难缠的西蜀，还是内部的叛乱，抑或抵御胡羌，从来没有失手过。很多时候，都是以弱胜强，以少胜多。西蜀大将姜维，几次伐魏，都败在他的手上。微贱之时的比比画画，看来都派上了用场。的确堪称司马阵营中的人中龙凤。

司马昭兴兵伐蜀，亲信钟会率十万大军正面出击，结果在剑阁关与姜维相持。而邓艾则率三万偏师，自阴平道崇山峻岭之间，行无人之地七百余里，由于没有路，行走艰难，粮食将尽，几番陷于危境。最后居然把牛角尖钻通了，出人意料地出现在成都平原上，让毫无防备的蜀人大吃一惊。临时凑起的军队，在诸葛亮的儿子诸葛瞻带领下，也没能抵挡住邓艾拼死冲击。于是，那个蜀国的国主阿斗，就只有投降了。一介偏师，居然建了灭蜀的大功，让自命不凡的钟会，很是吃味。

建了不世之功的邓艾，被司马昭捧上了天，不仅封为太尉，万户侯，而且比之为白起、韩信、吴汉和周亚夫。而邓艾自己，也有点飘飘然。

诸事自专，小恩小惠，安抚蜀国军民士大夫，让被征服的人等对他深表感激。而且上书司马昭，讨论征吴大计，建议暂时不要把阿斗迁往京师，待蜀地安定之后，从长江上游顺流而下，一鼓拿下吴国。

司马昭是司马家的第二代，跟司马懿比，心眼小，心胸更小。邓艾灭蜀，功高震主，掌握大兵和蜀地的资源，俨然就是第二个蜀国之主。这样的态势，不由得司马昭不生猜忌。按道理，司马昭给了你万户侯，还送了一大串特别高的高帽子，你就该死命地辞掉，转过来称颂领导如何英明，把所有的功劳，都归在领导名下。然而，邓艾大剌剌地都收了，连谦虚一下的表示都没有，反过来还对如何安置阿斗，如何平吴发表意见。这种事，按规矩，领导不问，你是不能乱说的。尤其是如何处置蜀国的前国主，不移送京师，放在你的身边，平白增加主子对你的猜疑。于是，司马昭暗命监军卫瓘，早做准备，让卫瓘跟邓艾说，以后凡事多汇报，不要专断。邓艾居然抗命说，大夫出疆，只要利于国家社稷，专权是可以的。这一下，司马昭的猜忌，被落实了。钟会这样的野心家，原本就醋海翻波，抓住这个机会，上书言之凿凿地说邓艾要反。于是，卫瓘领了诏命，出其不意，抓了邓艾，派人押送京师。邓艾一离开，钟会进入成都，联合前蜀将姜维，真的要反了，但事干得太糙，被不听话的乱兵所杀。此时，邓艾的部下，追上押送邓艾的囚车，把邓艾放了出来。但由于人数太少，被卫瓘派人半道截杀。邓艾父子二人，俱死于非命。在洛阳的其他儿子也一并被杀，妻子和孙辈被发配西域。卫瓘擅自杀了一员大将，但司马昭却对此感到欣慰，卫瓘回京之后，加官进爵。平蜀之后，有功的战将，就成了小心眼主子的心病，替他去了心病，当然得赏。

邓艾当然是冤枉的，西晋统一之后，晋武帝司马炎鉴于舆论，也给邓艾平了反。但是，论情势，当时邓艾却非死不可。有大才而口吃的人，性格多少会有点偏执。言语表达不畅，容易招人误会，误会了还难以解释清楚，时间一长，未免会生出牛性子。立了大功，手握重兵，身在容易割据的蜀地，原本就瓜田李下，还要跟小心眼的主子耍牛性子，独断专行，哪里会有活路？

坞壁林立中的祖逖

姓祖的人，人数不多，但出大名的却还真有几个。第一个要算祖冲之，中学生们都知道他。陈寅恪给北大清华出高考题，写了个“孙行者”求对。理想的对子里面，除了胡适之，就是祖冲之。第二位，就是祖逖。眼下成语有点不吃香，但“闻鸡起舞”想必还有人知道，这个成语，说的就是祖逖的事儿。练武的人，天不亮就起来练功夫，似乎没什么大不了，但祖逖却因此而出名。西晋那会儿，士大夫流行的是吃酒嗨药带泡妞，没有人早起练剑，有个把的，就新鲜。

第二个跟祖逖有关的成语，叫“中流击楫”。这事，就比较大了，要打仗。西晋末年，天下大乱，士人纷纷南下，老百姓也跟着逃难。走不了的，纷纷结成坞壁自卫。所谓的坞壁，或者为山寨，据险结寨而成；或者是修筑围墙，深沟高垒。这样的坞壁，对付小股甚至中股的流寇和游牧人的侵扰，无疑是有效的。有了坞壁自保，很多人就不用长途跋涉，背井离乡了。有人说，陶渊明笔下的桃花源，就是坞壁的折射。只是坞壁里的生活，是武装人员主导的。仰武人的鼻息生活，估计日子不会那么浪漫。祖逖当时的行动，介于南下和自结坞壁之间，他带了亲族数百家，避地淮泗。在这样的南北交界之处，战乱还是避免不了的，几百家，数千人，需要时刻准备着，应付骚扰和侵袭。由于祖逖的谋略和勇武，这伙人得以保全。躲到江南的晋元帝司马睿,给了他一个徐州刺史的空头衔。

拥戴司马睿称帝的那帮人，想的是经略江南，成偏安之局，但祖逖想的却是恢复中原，收拾旧河山。南渡的士族不少，但大多只能喝点酒，清谈扯淡，大不了想家难受了，对着北边的家乡，哭上一鼻子，造出一个成语，新亭之泣。像祖逖这样的人，大概只有一个当年跟他一起闻鸡起舞的刘琨。而晋元帝司马睿，是个连做龙床都要拉着王导的弱主，周围的人只会喝酒哭鼻子，那么他也只好喝酒哭鼻子。恢复中原这点事，就只能靠祖逖自己了。

所以，胸怀大志的祖逖从晋元帝那里，只得了一个奋威将军、豫州刺史的头衔，一千人的口粮（大概也就是千人一天的口粮），三千匹布，没有甲仗，没有武器，说你可以自行招募士兵，乐意北伐，就北伐吧。那意思，大概是让祖逖知难而退。作为偏安的皇帝，他没有这个心思去招惹北边的游牧人，闹得不好，引来北兵，自己连小皇帝都做不安稳了。

其实，这期间，扰乱北方的匈奴人和羯人，族群人数不多，占据北方尚且力有未逮,哪里有心思南下。后来得势的羯人石勒,即使控制中原，也要靠众多的坞壁主，没那个本事将他们一一扫平。祖逖的心愿如果能得到强有力的支持，也不是水中月，镜中花。

皇帝指望不上，祖逖没有打退堂鼓。他渡江北进，过江的时候，以楫击水，发下毒誓，说若不能克复中原，就像这大江一样，有去无回。

祖逖恢复中原的算盘，打在坞壁上了。其实，此时的祖逖，也是一个坞壁主。刚过江时，他的部众不过两千人，皆为“暴桀勇士”，动辄杀杀打打，攻掠富户，他也不加约束。当年的坞壁中的战士，大抵如此，上面的秩序早就没有了，战乱期间，物质匮乏，诸坞壁互相攻掠，大鱼吃小鱼，小鱼吃虾米。大者为大盗，小者为小盗，无非一群占山为王的土匪。祖逖嘛，不过是一个有志向、有想法的土匪而已。

这个有想法的土匪，对于众多坞壁主，采取分化瓦解的政策。该打击的打击，该拉拢的拉拢。继续依附石勒的打击，有心合作的拉拢。打下来坞壁，缴获的粮食、马匹和武器，既用来壮大自己，也用来拉拢同盟者。喜欢良马的给良马，喜欢美女的给美女，毫不吝惜。这样一来，不仅留在他活动区域黄河以南的众多坞壁归心，连河北的坞壁，也跟他互通消息。石勒也只好跟他休战罢兵，修缮祖逖母亲的墓，以示和解，建议两边互相做买卖，祖逖也默许。买卖一旦做起来，祖逖获利不小，部众不再闹穷，纪律也好多了。所控制的地区，农业生产也有一定程度的恢复。能不能赶走石勒，不好说，但毕竟开辟了一大片地盘，让名义上属于东晋的土地，延到了黄河边上。

然而，偏安的朝廷，却开始对祖逖有了猜忌。给他派了一个戴若思在上面做都督，监视他，防止他回师江南。这主意，多半是丞相王导的。此公一生没有别的本事，就会玩平衡。祖逖做大，就需要有人平衡。这一平衡，一心恢复中原的祖逖不高兴了。心里一堵，就生了病。病无良医，还要干事，遂致一病不起。代他领军的，是他的弟弟祖约。祖约跟哥哥大不相同，是个抠门、爱财、胸无大志的公子哥。这样的人，怎么可能降得住众多的土匪豪杰，于是，大家散伙，祖约回到江南做官，攒钱，发财，生儿子。祖逖的事业，就这么完了。

临死时祖逖感叹，天杀他，此乃不佑国也！其实，天不佑国，多半是因为国不佑其贤才。

陈桥兵变那点事

这是一个被人说烂了的故事，一个令以后多少代帝王一想起来就心惊胆战的故事。后周建隆元年，也就是北周世宗柴荣去世后的第一年，小皇帝后周恭帝刚继位，北边传来边警，契丹入侵。于是，小皇帝身边的宰相,派出大军前去抵御。领兵的统帅,就是殿前亲军的都点检赵匡胤。然而，军队到了陈桥驿，出大事了——赵匡胤被军士们披上了黄袍，拥立为帝。在那个年月，黄袍加身，就等于造反的投名状，一旦披上，这个皇帝即使你不做，也得掉脑袋。

有消息说，赵匡胤是头天晚上喝得大醉，在沉睡中被披上黄袍的，在山呼万岁中醒来，还不知道发生了什么。也有消息说，披上黄袍之后，赵匡胤将黄袍取下，然后让军士们回营，意思是我还是不干。这时，军士们抓来了宰相范质，逼着范质拜了新皇帝，才算生米做成了熟饭。还有消息说,这事是赵匡胤的弟弟赵光义和赵普密谋的,赵匡胤被逼上的道。还有花边消息说，被逼披黄袍的赵匡胤，非常惶恐，跟家人说，怎么办，怎么办？还是他的姐姐出来，“面如铁色”，拿擀面杖狂打，一边打一边说，大丈夫临事，该自己做主，跑到家里说什么鬼！于是，赵匡胤主意乃定。

其实，后世的人们，一般都断定这事就是赵匡胤自己的主意。什么军士拥戴，黄袍加身，酒醉不醒甚至挨擀面杖之类，都不过是演戏。凡是想当皇帝的人，大抵都会演戏，假装不情愿的戏。即使自己不会，别人也会教你。不然，怎么会刚一出征，京师内外都哄传，点检做天子。

反过来说，即使赵匡胤真的不知情，真被人绑票的，这样的事情，也一样会发生。五代十国，有多少的皇帝，都是这样产生的。五个朝代，梁、唐、晋、汉、周，后唐末帝之后，皇帝都是这样出来的。十国之中，这样的国王，也稀松平常。只要骄兵悍将们对皇帝或者国王不满意了，转身工夫，就可以找另外一个主儿，一个新皇帝，就这样诞生了。当然，话说回来，找的新主子，多少得有点地位，有点人望，大家都认可，否则，万一打起来，主子就换不成了。赵匡胤符合条件，身为最精锐的殿前亲军统帅，又是周世宗时代能征惯战的宿将，投名状不替他递，谁递？

五代无伦常，武人如此，文人也如此。这一点是后来修五代史的欧阳修每每要呜呼痛哭的。但无论伦常，其实是武人当家的通病，不见得是因为武人不读书，不知书，不会背诵五经，而是他们习惯性迷信武力，认定只要胳膊粗力气大，武艺高强，长枪大戟，就可以打天下，定天下。他服别人，是因为武力，别人服他，也是因为武力。打得过，你就是老大，打不过，就只能做孙子，要不就是尸首。没理可讲，也没法讲理。生成的秩序，都是暂时的，就像山林里的猴王一样，力气大的坐几年江山，然后就被后来者取而代之。被取代的，都是年老力衰之辈，而后来者，都是年富力强的。在这样的武力秩序中，文人有什么办法呢？即使脖子上没有刀架着，范质之流，也只能屈身下拜，毫不犹豫。事实上，他们也不大想犹豫。范质的前辈冯道，身历四朝，每次送旧迎新，高高兴兴的。文人，在武人秩序中，不过是弄些文字，完成改朝换代仪式的司仪，不过是为武人征粮征税记账算账的会计，哪儿来的那么多讲究！

不消说，五代本身的历史证明，这样的武人秩序，都是动荡而短命的。

每个朝代，短的几年，长的十几年就完了。长枪大戟管用，管的只是眼前的用，再往前走几步，就不管用了。你有长枪大戟，别人也一样可以用。能人外面有能人，能人自有能人降。武人之间的升降周期，转得飞快，而又铁面无情。

幸好，赵匡胤虽是个武人，却是一个明白事儿的武人。在行伍里从小兵混成大将，他知道他周围的那些粗汉兄弟，都是些什么货色。好些老行伍，今天喝酒时，可以两肋插刀，转天对方多给了二两银子，就可以把你卖了。所以，被黄袍加身，或者说自己策划黄袍加身的他，不想再把这轮盘赌玩下去了。于是，以迅雷不及掩耳的速度，招来那些拥戴他的行伍弟兄，逼着他们解除了兵权，让他们享福去了。此后，武人的地位直线下降，赵匡胤，开始玩文治了，这一玩，换来了两宋差不多三百多年的江山。挺合算的。

偏是文人喜谈兵

文人喜谈兵，自古皆然，宋代尤甚。查点古人留下的兵书，以数量计，宋产为最。一直都说北宋积弱积贫，今天看来其实未必。弱则弱矣，贫倒未必。政府弄的钱，比唐代多七八倍不止。工商业兴盛，尽管政府刮钱多，但社会还是能应付。但是，由于政府刻意限制军队的缘故，在对付北方游牧人压力方面，捉襟见肘。一个契丹对付不了，又来了一个党项。中央的禁军扩充到百万，严格挑选，个子高，力气大，可是上阵大抵白给，打一仗败一仗。一百阵下来，能赢一次，都是捡的。没办法，只能奉上金帛，以贿赂免灾。无奈哄了今天，哄不了明天，胡人的胃口越来越大，贿赂也未必能保太平，还是不断地挨打。

缺什么，就喜欢说什么。宋人谈兵，大抵如是。文人未必不能打仗，但光纸上谈兵不行，得放出去到阵仗上练练，练几次，文人也就成了将军，未必能骑马上阵，斩将夺旗，但运筹帷幄料无问题。可惜，宋代制度，偏不让文人将兵，也不让他们有机会上战场。虽说最高军事长官枢密使都是文官，但这样的文官，却既见不到士兵，也没有机会到前线历练。指挥战役，只能在庙堂之上，跟皇帝画阵图。画好了阵图，算是圣旨，交给领兵的将军，让他们按图作战，排兵布阵。否则打赢了，也得受惩罚。

有这样机会的文人，一共也没有几个。多数热血文艺青年和中年以及老年们，只好在战场之外徒呼负负，给后世留下一本又一本的兵书战册，也留下一段段的轶事佳话。其中一个人，在当时就大大的有名，此人姓彭名几，字渊材。

彭几是个白丁，但书却读了不少。自负不羁之才，好谈兵，每每出口成章。一日，到兴国寺喝茶吃斋，菜与茶俱美。食毕，要从人付钱，从人说，我忘带了。彭几大窘，同去的朋友说，你不是有谋略吗？快想办法。彭几趁人不备，一闪身从后门溜走，一路撩起衣袍飞一样地狂奔，一直跑了好几里路，才停下喘口气，说道：三十六计，走为上。

彭几游学京师，住在太清宫。自负绝学，可以以周易地舆之术找水。说是进入胡地行军作战，每患乏水，如果会找水，就已先立于不败之地。没法进入契丹，就先小试牛刀，在太清宫空地上四处勘察。掘一处，则无水，又一处，还是没有。几天下来，把个太清宫的院子里，挖得到处都是窟窿，一滴水也没找到。又从郭太尉游园，郭太尉家园中多蛇，彭几自称读过禁蛇方，晓其咒语，遇上蛇，但念咒语，则驱使如走狗。话音未落，蛇来了。郭太尉说，你快念咒啊！彭几口中念念有词，但蛇根本不加理会，直奔过来。彭几落荒而逃，一边逃一边道：这是你家宅神，不听话的。

彭几在宋代，一向以滑稽闻名。不过彭几的滑稽，却不是他刻意做出来的，他就是这副模样，呆里呆气，还自以为是。做出事来，让人不笑都不行。这骨子里的呆气，来自书本。找水也罢，咒蛇也罢，都是书害的。这样的书，别人见了，也许并不以为意，一笑置之，但他却当真，而且认真操练，不出笑话才怪。曾经有人跟他推销两只仙鹤，说这鹤有仙气，别的鹤下蛋，它们是胎生的。他见刘禹锡《嘉话》里提到过胎生的仙鹤，于是信以为真，花大价钱买了下来。跟人炫耀，说我得了仙品，不下蛋，直接生小鹤。话刚说完，下人来报：咱家的鹤昨晚产一大卵，大如梨子。彭几喝道：不许你诽谤仙鹤！没想到，他的话音刚落，眼前这只鹤立刻蹲在地上，又下了一个蛋。彭几一见，愤愤地说:刘禹锡骗人。

尽信书，不如无书。道理是这样讲，但尽信书的呆子，从来都不绝种，也绝不了种。战国时，能有几本书？名将赵奢之子赵括，就造就了一个纸上谈兵的典范。到了宋代，作家踊跃，书业繁荣，纸上谈兵者焉能不多如过江之鲫？只是，众文人都往谈兵这个方向使劲，还是跟当时的情势有关，边患不断，国家孱弱。士子们忧国忧民，顺便也想着一鸣惊人。看了几本书，就觉得天下兵事尽在自己胸中了。

刺字黥面的兵

刺字黥面，是古之刑罚的一种，但是，宋代的大兵，不是罪犯，却也刺字黥面。起因是有的地方以罪犯为厢兵（地方部队），罪犯都是要刺字黥面的，人称配军，或者贼配军。后来，管兵的人发现，刺字之后，这些兵不大好逃了。于是刺字扩大化，不是罪犯的厢兵也刺字。再后来，皇帝的禁军,逃亡的也多,也普及刺字。最初的时候还好,脸上只刺两个字：指挥。不是说这些兵都是指挥官，而是标明他们隶属指挥使，官家的人一看就知道这是兵，但平时出门头发披下来点，将就可以遮住，爱美的年轻人，还能忍。到了后来，逃亡愈见其多，字刺得也多了起来。刺上部队番号，接着再加上籍贯，如果逃亡了，抓回来，再加刺若干字。直是把人家的脸当作业本，胡写乱画了。有的部队长官文明一点，把字刺在手臂上，就跟拳王泰森似的，不刻意伸胳膊卷袖子看不见。但更多的当官的，却乐于把字刺在脸上，而且趋于多多益善。很简单，只有这样，抓逃兵的时候才方便。

北宋名将狄青，出身行伍，后来因为战功卓著，身居高位，爬到枢密使了，但脸上的刺青犹在。皇帝让他用一种药除去字迹，他说算了，留着它以后带兵有好处。岳飞脸上没刺字，但投军之前，老娘先在背上给他刺了字，也算是跟士兵们打成一片了。其实，真实的原因是当时由于靖康之难，战乱之际，朝廷军制乱了，没人顾上讲究，岳飞的脸上才免于被人当作业本。

我们小的时候，刺青是流氓才干的事。抓出来的流氓团伙，里面的人好多都有刺青。大街上如果见到哪个小伙子胳膊上刺着一条龙，不用问，多半是哪个团伙的。但是现在刺青已经大流行了，时髦男女，在身上到处刺字，刺画。胳膊、大腿、小腿、屁股，甚至私处，不管能不能露出来，刺上点什么东西，都是一种范儿，个性。其实，宋朝那会儿，也是这样。身上皮肤光洁的男子，刺上一身好花绣，脱下上衣一露，也是仕女争看。《水浒传》上小乙哥浪子燕青，在泰山庙会上跟擎天柱任原摔跤，露出一身好花绣，一把将大个子任原摔到台下，其实是有社会史依据的。尽管如此，无论古今，还是很少有人乐意在脸上刺字。黥面，在古代就是一种羞辱的标志，不然的话，也不会被作为刑罚采用。一朝被黥面，一辈子都是坏人，等于把坏人两字刻在脸上了。虽然传说有药可以医，但古人没有今天的整容本领，就算药敷上可以除去字迹，但印迹肯定还在。此地无银三百两，欲盖弥彰，还不如不费这事。

在北宋，当兵是个苦差事。薪饷不高，长官还克扣。服役期超长，一直得干到六七十岁。京剧《空城计》里，两个颤颤巍巍的老兵，很是扎眼，以前我每次看到，都会想，怎么可能有这样老的老兵呢？但后来才知道，这样的老兵，在北宋是一种常见的形象。地方的厢兵，几乎多半都是这样的货色。以至于很多州县，碰上不多的盗匪团伙，都抵御不了，干脆拿钱买太平，给钱送客。然而，即使是中央的禁军，老兵没有这么多，平日也不训练。兵无论老少，平时都得干活，锻造兵器，修筑城墙，架桥铺路，都是士兵们的业务。更常见的活计，是为官员服役。送往迎来，抬轿打旗，挑担运输。只要官员动一动，士兵们就得成群结队地跟着动。

不仅公务要劳动，官员的私活也要动用士兵。如果有哪个达官贵人需要建个大宅院，那么建筑工地上的民工，大半都是这些可怜的士兵。士兵不比工人，工人工钱所需很多，而且不能强制，否则人家就散了。但士兵们没辙儿，只要顶头上司肯卖命，他们就得跟着卖命，不干，就军法处置。

这还是和平时期，一旦有战事，士兵的命就更糟。北宋军制，兵将不见面，平时互相完全不通气。打起仗来，将领下阵图，不管战场形势如何变化，就只能按阵图打，几乎打一仗败一仗。战败了，做将领的，多少身边总有几个护卫，逃生的机会比较大。而前面的小兵，就是任人宰割的牛羊，成片地死掉。逃得快的，捡了一条命，下次还能想当兵吗？

正因为如此，朝廷才出此下策，靠刺字黥面来遏制逃亡。即使逃回家了，当年有保甲制，地方官一查，也能查得出来，再把你抓回去就是。但是，把士兵当罪犯看待，连起码的面子都不肯给，这样的军队，是没有战斗力的。抓来抓去，黥来黥去，士兵是越来越不肯卖命。北宋的军队，也就越来越弱，无论碰到西夏人、契丹人还是金人，都是豆腐渣。只有在对付内部的农民起义时，才有点用，还主要靠的是西北的蕃兵。辽国末年，国力已衰，被金人打得一塌糊涂，但打宋军，还是跟喝粥似的。北宋灭亡之后，朝廷改了点章程，军队制度灵活了一点，大部分部队，士兵也不刺字黥面了，才算有点改善，好歹没让金人把整个中国都占了。

他和她，一言难尽的千古风流

从女将军到女丈夫，那个时代，女人要想在男人的世界里露个脸，可真难，都快变性了。

权山和钱山都靠不住

汉家天子，看来同性恋者不少。著名的同性恋典故“断袖”，就出自西汉哀帝刘欣身上。其祖汉文帝刘恒，也行迹可疑。此老对宠臣邓通，也暧昧得不行。一个行事特别靠谱的皇帝，提倡节俭，连自己宫里的女人，衣裙都不许拖长了，能省一点帛料算一点，跟众多票证时代的城镇大妈一个思路。但皇帝居然会对这个邓通，动辄赏赐万千，还把一座铜山赏给他，特许他自己铸钱。这样的赏赐，跟邓通的功劳一点关系都没有。就是乐意给，今天给了，明儿还给。纯粹是交情，交情还至死不渝。都说，人无千日好，花无百日红。人情易变，皇帝和臣子的友谊，从来都靠不住，但邓通和刘恒，还就日久天长了。怎么解释？大概只有断背一条路了。

中国的古代，同性恋这档子事，叫喜好男风。虽说也有点子不大好听，但绝对不像信基督教的欧洲，那么大逆不道。况且，喜好男风的人们，也不大耽误娶妻生子，于人伦孝道上，大节无亏，因此，这点事，也就模模糊糊可以混过去了。无论哪个沾了，无非多了一桩风流事而已。

尽管如此，作为汉家天子第一个有此好的人，汉文帝刘恒，还是要有点遮掩。遮掩是他的一个梦。说是一日他梦见自己想上天，却又怎的也登不上去。正在较劲，忽然后面来了一个黄头郎，在屁股上推了他一把，哎，上去了。醒来就在侍从里找这个黄头郎，发现很像邓通。关键这厮的名字也起得好，邓跟登近似，通则可以通天。其实，这个似乎是编出来的梦，按弗洛伊德的理论，其实很有同性恋的象征意义。你瞧，这里有屁股。于是乎，邓通就成了皇帝的腻友。其实，到底有没有这样一个梦，这个梦说，是否原本就是按照邓通的样子反推过去的，真就不好说了。汉代的郎，就是皇帝的低级侍从，所谓黄头郎，就是戴黄头巾的郎，宫里头有好些呢。

从此，黄头郎邓通，官也升了，钱也多了。汉文帝有事没事，就跟他腻乎在一起。邓通回了家，他有时还会追过去，在邓通的家里厮混。也没有人记载，他们俩在一起，都说些什么。而这个邓通，也没在历史上留下哪怕只言片语的诤言妙语。两个大男子,这样的暧昧,能干点什么,不问可知。

汉文帝在历史上，是个出了名的明君。但明君也有自己的爱好，他没让邓通做宰相,也没给他封侯,就是给了他不少的钱。但是,赏一座铜山,特许铸钱，还是有点过。古代中国，流行的钱币，就是铜钱。这样一来，等于是让邓通开了家中央银行，铜山就是钱山，从此邓氏钱流通天下。现在我们收藏的汉代五铢钱，应该有不少都是邓家的出产。古人夸谁富有，喜欢说富可敌国。但富可敌国一般都是灾，马上就会有人算计你了。最大可能置你死地的,就是你“敌”的那个国。然而,邓通得到这座钱山,其实出于一个老妪的一次看相。

今天看相算命的，大抵是男人。但是汉代离巫咸时代不远，巫婆的市场挺大，女人相对诚实，不那么忽悠人，据说算得还挺准。所以，人们看相算命，都找女人，不找男人。这个老妪给邓通算命，一点不客气，说他最后要穷死饿死。汉文帝很生气，说我是天子，我让他富，他就一定富，一气之下，就把一座铜山赏给他了。尽管如此，老妪死活不改口，饿死就是饿死。汉文帝还算开明，倒也没有把她怎么样。

然而，天子富有海内，可以让人富，让人穷，但天子并非真的是老天的儿子，不能老是活着。汉文帝翘了，邓通还活着。老子的宠臣百分之百都是儿子的仇敌，即使有孝道压着，也挡不住儿子的仇恨。按弗洛伊德的理论，也许父子之间，原本就有仇父情结。中国的孝道帽子大，儿子不好冲老子发作，就转移到了老子的宠臣上。所以，这个富可敌国的邓通就遭了殃。皇帝给你的，皇帝也可以收回来。汉文帝的儿子汉景帝刘启，是个比老子黑多了的主儿。他惩罚邓通，是以经济手段。让人告发邓通，在非指定的地点违规铸钱，罚款，一罚、二罚、三罚，最后罚得邓通倾家荡产，还欠了朝廷好些钱。于是，富可敌国的邓通，就变成了负资产的穷光蛋。

女巫的预言终于应验了，邓通最后真的穷饿而死。人说，邓通的脸上，有一条穷纹，一直通到嘴上，谁知道呢。

举案齐眉的故事

东汉王朝，即使以不高的标准论，也不是个好王朝，昏君太多，宦官专权，政治昏乱。但偏偏这样的王朝，出孝子，也出模范夫妻。梁鸿和孟光就是一对儿。

从留下来的文字记载看，梁鸿是个穷人。虽说家里曾经阔过，父亲在王莽的时候做过官，但经过战乱，家早就败了，父亲死的时候，卷席而葬。然后梁鸿就一直给人帮工，放过猪，舂过米。凡是这样的底层草根，有关的记录往往语焉不详，而且缺乏逻辑。《后汉书》上说他去太学受过教育，学成之后，在上林苑放猪，却没有说明这个连父亲都无力安葬的人，是怎么进学校的，毕业之后，为何会去放猪？咳，难得糊涂。反正不管怎么说，梁鸿虽然穷，但却是个读书人。东汉之世，经学吃香。不管三七二十一，抱住一经死啃，心无旁骛，再拜上一个大官做老师，多送点礼，不明白也明白了。通经之人，做官的机会就比较多。但梁鸿偏偏博览，不好章句。而且喜欢作诗，做过一首“五噫歌”，唱一句，“噫”一声，噫得汉章帝大不高兴，派人抓他，梁鸿只好易姓改名，带着妻子潜逃他乡。还好，那个时候没有户籍制度，也不查暂住证，还真就让他给溜了。

这样不务正业，还连带着惹是生非的穷小子，按道理根本没有人家会把姑娘嫁给他。但书上硬是说好多人家要以女妻之，而他根本不要。尽信书等于无书，这样的面子话显然是不靠谱的。最终，一个姓孟的姑娘，“状肥丑而黑”，都三十岁了还没嫁（嫁不出去），却跟父母说要嫁梁鸿。于是，梁鸿就有了妻，给妻子取名孟光，字德耀。虽然说，东汉就有了《白虎通义》，提倡夫为妻纲，但梁鸿的妻子还是有名有字，不像后来女子嫁人，就成了某门某氏，连个名字都没了。

看起来，孟光家里还是有点钱的，所以结婚之后，可以盛装打扮。没想到，梁鸿根本就不理她，非逼得她去了盛装，抹掉粉黛不可。显然，靠打工过日子的人，养不起穿好衣服浓施粉黛的妻子。孟光嫁鸡随鸡，甘愿认命，换了布衣荆裙，帮着操持家务，任劳任怨。梁鸿为了躲避汉章帝的追捕，逃到吴地，为人舂米，回家来，妻子做好饭食，不敢仰视，举案齐眉，送到他眼前。讲到这里，得做点解释。那时节讲究人家吃饭，是用一个个的小案子的，如果请客，就每人面前一个小案子，案子上摆上酒食，用下人端了上来。梁鸿自然没有佣人，只好由妻子代劳。一个打工的，能摆这样大的谱儿，而且日日摆谱儿，妻子配合，心甘情愿，还真是不寻常。古往今来，大概梁鸿和孟光，要算第一份。

虽然人家孟光有举案的条件，《后汉书》上说她力气很大，可以“力举石臼”，石臼都举了，一个小案子，不在话下，但这份诚敬，几年如一日，真是难得。我们知道，有钱有闲的大户人家，摆谱没问题，下人或者妻妾，冲着钱或者待遇，都能顺着来。但是，贫贱夫妻，寒门小户，粗茶淡饭，也能这样，无怪乎人家看着稀罕。

因此，孟光的表现，先是惊动了四邻，后来又惊动了雇用梁鸿的主家。主家由此认定梁鸿是个非常人，于是，不让他舂米，将他养起来了。由此，梁鸿可以埋头著述，死的时候，要求把他葬在当年吴国的侠士刺客要离墓旁。

东汉之人，对于儒家伦理太在意，记录这个梁鸿和孟光，大概是将之当作夫为妻纲的典型来说事的。《后汉书》的作者范晔，生在南朝，虽也不能免俗，但字里行间，已经有所不同。其实，梁鸿就是一个跟当时士林风尚格格不入的诗人，一个有西汉遗风的隐者。他的好友雅好老子隐居山林，而他自己，也向往过隐居的生活。只是，隐居是需要物质条件的，没有丰厚的家财，如严子陵那样天天垂钓富春江，多半是要饿死的。所以，梁鸿只好给人打工，养家糊口。俗话说，大隐隐于市，小隐隐于山，而梁鸿呢，隐于佣。死时要求葬在那个刺杀了公子光的刺客旁，说明他根本就不认同当时流行的价值，什么孝悌仁义，什么夫为妻纲。

《西厢记》上红娘调侃张生，说："是几时，孟光接了梁鸿案？"其实，孟光举案齐眉，梁鸿也一样可以举案齐眉。一个不合俗流，给妻子取名取字之人，时刻打算携妻归隐山林的高士，当然不会输于为妻子画眉的张敞。

一个没有女人的世界

古今中外，一部小说如果没有女人，估计不会很受读者欢迎，但是，中国的《三国演义》除外。这部大部头的巨作，从头到尾，几乎没女人什么事儿。这事儿，其实不赖作者罗贯中，罗贯中的小说，是根据史书写的，陈寿的《三国志》，上面就没讲女人什么事。二十四史大抵如此，除了后妃什么的，基本上不记录女人的活动，而这些深宫里的女人，即使个个像《甄嬛传》那样斗得生龙活虎，也很少有人会提上一句。大部分后妃传，大抵一个模子，干巴巴的称颂女德。后来的史书，又加上了点贞节烈女的故事，那点事，也单调得让人闷死。

《三国演义》里最出彩的女人，是貂蝉。这个人物，在史书里只有一点点的影子，小说里的描述，显然是根据宋代的平话和说唱。没办法，宋代街巷瓦子里的把戏，没有点男女之事，加点色彩，勾不住人。于是，一个美女貂蝉，形象也就丰满起来。让她在两个男人，董卓和吕布之间周旋，跟这个睡完再跟那个睡，诱使吕布按王允的设计，窝里反，刺死了董卓。若不是王允不明大势，不肯宽恕董卓的部下，兴汉大业，似乎真的就成了。所以，给《三国演义》做批注的金圣叹，一个劲儿感慨，称貂蝉为腰间有三尺剑的“女将军”，还说他“爱杀女将军也”。可惜，离间了董卓和吕布之后，女将军就退场了，小说只是在吕布败亡之际，提到了她一笔，说吕布带着她一起逃，结果没逃了，被曹操活捉了。

三国是个动荡岁月，这样的美女资源，想来不会浪费。即使曹操，也不在乎娶跟别人睡过的女人。《三国演义》之外的说唱文学，说是此女后来看上了关羽，很是在这个红脸长胡子的汉子身上，下了一番功夫，但关羽居然没有动心，把这个美女给杀了。直到清代，地方戏中还有一出《关公斩貂蝉》。

事实上，如果真有这样的好事，只能便宜曹操帐下的战将。关羽当初跟刘备，在曹操那里是寄人篱下，断然没可能有这样的艳福。唱戏的这样便宜关羽，却又让他暴殄天物，大煞风景，其实是为了捧这位大英雄。直到今天，好些小说家还是喜欢这种俗套，女追男，男人偏偏就是不从，让看客们为他们着急。

罗贯中没有采用关羽斩貂蝉的故事，但在另一个地方，却做了类似的渲染，那是关羽投降曹操之后的一个故事。关羽投降曹操，实有其事。如果按照道学家的标准，这个关羽关云长其实是大有问题的，事实上就是事二主的贰臣。即使在 1949 年之后的中国，也是个标准的投敌叛变分子，纵然不予追究，也不会重用了。虽然当年的刘备没有这样不揉沙子的道德感，但罗贯中得有。但是没办法，捧刘备，关羽也得捧。只好设计了“约三事”来为之开脱，说他是降汉不降曹。然后又说曹操怎样怎样拉拢收买，上马金下马银，还送美女。但在这儿之前，却说曹操非常阴险地安排关羽和刘备的两位美女夫人，同处一室。意思是说，你老兄要是把持不住，可就别怪我了。没想到关羽根本不进屋，在门外秉烛达旦读《春秋》。

对于不那么十分好色的男人来说，如果身边有他心仪的武侠小说，估计用看小说来抵御美女的诱惑，应该也是可以的。今天据说玩网游，这样可能性更大。但《春秋》这东西，不过是断烂朝报，即使是历史爱好者，也没有多大的吸引力。如果曹操真的下了这样的毒招，关羽凭身边一本《春秋》，可能抗不住。除非，他对女色根本不感兴趣。

特别有意思的是，在这个故事里，罗贯中居然一句没提，当时的甘糜二位夫人有什么反应。活生生让这二位一句话不说，一点表示都没有，好像落到曹军手里一样。如果万一关羽把持不住，那么两位年轻的夫人，会怎么样呢？拔刀自尽？我想不会。战争环境的女人，大抵就是这样的命运，如果不想自尽的话，就只能任人宰割了。

两位夫人中的一位，糜夫人，在小说里最后还是跳井自尽了。这个故事，跟关羽那个不一样，不单是为了烘托男主角的伟大，而且强调了刘备夫人的识大体。为了让赵云保护丈夫唯一的骨血，甘愿自己死掉。所以，金圣叹称糜夫人为“女丈夫”。可怜，女丈夫拼了性命保全下来的阿斗，却是个没心肝的白痴。如果真有这么回事，女丈夫可就白死了。

从女将军到女丈夫，那个时代，女人要想在男人的世界里露个脸，可真难，都快变性了。

女子有才便是灾

古代中国，一直是个男权社会。男权的维系，不仅凭男人的力量和能力，还要靠制度和意识对女性的压制。到北宋之后，还要加上肉体上的钳制——把女人弄残成小脚。男人越是不中用,这钳制就越厉害。所以,女子不能有才,无才便是德。女子四德:德言工貌,其实,男子真正在乎的,就是一个貌字。女子的自我感觉，也是以色事人。古代，碰上个把有才的女子，才就成了灾了。

东晋王谢两家是士族之首，谢安的侄女谢道韫是个才女。一次，谢安与一班小儿女赏雪饮酒，问道：漫天大雪何所似？侄子谢朗答道：空中撒盐差可拟。谢道韫却说：未若柳絮因风起。江南这个地方，下的都是烟雪，柔柔的，漫天雪花缓缓飘下。以空中撒盐比拟，浑身要起鸡皮疙瘩的。若柳絮因风而起，美，而且周身舒泰，心旷神怡。当然，如果情景移在关外的北国，叫我看还是空中撒盐比较合适，因为自天而降的不是雪花，而是雪粒，打在脸上生疼，的确像盐。但是，谢家当时就身在江南，平白地往空中撒把盐，人人心里都咸得不行。加上后世南国多才子，北国那点事儿，没人理会。所以，咏絮才一直为人称道，断然没有人敢将盐入咏雪诗了。

但是，不管谢道韫多么有才，也只有嫁人，为人生育儿女一条路可走，别的，什么也做不了。门阀制度下，世族之间通婚，谢家女嫁给王家人，是最佳的选择。于是，谢道韫就嫁给了王羲之的儿子王凝之。王羲之是后世闻名的第一号大书法家，也是东床佳婿典故的制造者，但是他这个儿子，却不怎么样。其实，要论才学，别说王凝之，连他的弟弟，跟王羲之并称二王的王献之，都比不上谢道韫。一次，有客来访，跟王献之谈玄，献之几番交锋，就败下阵来。谢道韫闻之，差婢女说她可以相助。于是，谢道韫隔着帘子与客大斗机锋，战而胜之，替小叔子争了一口清气。

不中用的王凝之，却不耽误做官。身为会稽内史（太守）的他，跟东晋许多高官一样，不知怎么搞的，迷上了五斗米道（早期道教的一种）。王凝之练气功练得五迷三道，内事不理，外事也不理。五斗米道的道首孙恩借教起事，逼近城池，王凝之也不做防备，镇定自若，还是练他的气功。谢道韫苦劝，如对木头人，毫无效果。孙恩党徒，杀将进来，把王凝之和几个儿子都杀了。谢道韫被俘，还好，孙恩久仰她的大名，没有杀她。后来，孙恩事败，谢道韫得脱，就一个人住在会稽，郁郁终老。

说起来，王凝之在江东世族子弟中，还不算差的，毕竟可以写几笔字，做几首诗，政务能力虽说不高，但也不比别的高门子弟差到哪儿去。当年孙恩纵横江南，多少州县望风而降，死在他的手上，也不算特别无能。但是，谢道韫才气太高，心气太盛，王凝之跟她一比，就比下去了。被比下去的王凝之，又不能听老婆的话，跟老婆走，按老婆的指点处理政务。而才高八斗的谢道韫，却也迈不过礼教的门槛，出来办事问政，结果只能落得个夫丧子亡，枯守空房的下场。在一个女子只能凭借丈夫和儿子的荣耀所折射出的一点光被照亮的时代，这样的下场，实在是太惨了，跟死了没有太多的区别。

谢道韫是少数被历史记录下来的奇女子。中国古代的女子，虽然被剥夺了受教育的权利，也没有过问政事的机会，但总还是有个别人可以从夹缝里脱颖而出。一类是大家闺秀，一类是皇家帝后。女人熬成了皇帝的娘，如果足够强势，就可以借孝道的后门，溜出来问政。这一类冒头的女子，史家评价固然不高，但毕竟人家施展过，牛逼过，即使被人骂，也值了。但识文断字，能文有见识的大家闺秀，如果没有办法教出一个有出息的儿子，纵有天大的才学，也只能徒呼负负。谢道韫的见识，不让她的叔父谢安，谢安也很赏识这个有才的侄女，但谢安扬名立万，谢道韫却郁郁而终。

还好，谢道韫的故事，还有人给她记录下来。男人堆里，总有几个有好奇心的，所以，今天的我们，还能对着谢道韫的故事，发点感慨。真不知，古来被湮灭的才女，还有几何？

中国式面首的悲剧

南北朝的北朝，是个人种和文化混杂的时代，胡人汉化，汉人胡化，胡人改汉姓、习汉语固然是潮流，但汉人学鲜卑语，弹琵琶也很时髦。这点事，在颜之推的《颜氏家训》上有记载。隋唐两代君主，都是北周的贵族，到底身上胡人的血液多一点，还是汉人血液多一点，真的不好说。

人种和文化的糅杂，别的不好说，单讲礼教，命里注定要马虎一点。所以，女人活动的自由度，也就大了不少。汉人女子礼教，女子被赶出丈夫家门的“七出”，第一条是妒。但鲜卑人嫁女，首先就教女善妒，无论如何，不能让老公找小老婆。隋文帝杨坚，贵为天子，跟小妞偷腥，被独孤皇后得知，立马把两个小美妞弄死。害得皇帝差点离家出走，被臣子死活拦下，长叹一声：吾贵为天子，不得自由！有人考证，这是自由这个词，在中国第一次出现。褚遂良的夫人，朝堂之上，演一出喝醋的好戏，宁死，也不肯老公纳妾。死倒是没死了，但留下吃醋的典故，流酸千古。

男权社会里，只要女子自由度大一点，整个社会风气就会变得挺宽容。男子随便一点，女子也可以效仿。名妓、女道士跟诗人们浅斟低唱，勾三搭四，在大街上招摇，没有官府出来说三道四，御史也不出面弹奏。

公主在家养个小白脸，不说别人，就是自家的驸马爷，也没话说。

在这样的氛围里，当年的武媚娘，跟唐太宗李世民睡过，又被太子李治看上，等到李治做了皇帝，让她到寺里做一会儿带发修行的尼姑，稍微一过渡，转身就可以娶进宫里，专房专宠。等到李治蹬了腿，武媚娘成了说了算的太后。六十岁上下的太后，如果在别的朝代，在性生活上即使还有追求，也得忍了。但太后娘娘不想忍，不仅不忍，追求还挺多。看上了哪个清俊小生，拉进宫里，就上床。小和尚僧怀义，就这样成了太后的面首。

这个时候，虽然武则天已经比皇帝还皇帝了，但名义上，还是大唐的太后，按道理，怎么也得守妇道的。内里不守，外面总得装一装。可武则天连形式的妇道，都不想讲究，僧怀义，就那么明晃晃地出入宫禁，一点不避人。后来，又有了张易之和张宗昌两个。不过，这个时候，武则天已经称帝，做女皇帝，像男人一样三宫六院，有点困难，但找几个面首，还是可以的。

俄国当年的女沙皇叶卡捷琳娜，也一个面首一个面首地找。不过，女沙皇对每个面首都有情有义，离开的时候，都高官厚爵，赏赐大量的金钱宝物还加上大片的土地和土地上的农奴。最得宠的面首波将金公爵，简直权倾朝野，连海军战列舰都以他的名字命名。相形之下，武则天的面首，似乎都是纯然的玩物，这个老女人的性伴侣。宰相苏良嗣朝堂撞见了僧怀义，勃然大怒，不由分说，立马让自己的左右拉住这个小和尚，左右开弓，给了几十个嘴巴。脸被打成面包的小和尚，一溜烟跑到武则天面前痛哭流涕，要床上人给他做主。武则天却说，你该走北门，南门是宰相们出入的地方，你别惹他们。小和尚这顿揍，算是白挨了。后来，张易之得宠，他的家奴横行霸道，被时任御史大夫的魏元忠抓住，当场一顿棍棒，乱棍打死。张易之想了半晌，连状都没敢告。过了好几年，才找了一个茬儿，联合张宗昌一起，把魏元忠弄进了大狱，不久还被武则天放了。

这样的事情，都被后世史家说成是武则天的明智之举。说明智当然也无不可，但这个女人，压根就没把自己的床上人当回事。利用酷吏，虐杀百官是个玩儿，弄清俊小生，让他们陪自己上床，也是玩儿。李唐尊崇道教，武周礼敬佛教。但是，武则天却把小和尚弄到床上，逼着他破戒还俗。色戒是出家人的大劫，破不得的，但是，太后需要，就得破。对于佛教，她也是玩儿。不给面首们撑腰，不怕他们罢工吗？谁敢哪！

这才是皇帝，天上地下，唯我独尊的皇帝，难怪自己起名叫武曌，武则天。没当皇帝的时候是天后，当了皇帝是天可汗。这样的人，干什么还不行？幸好，她还没有太胡来，折腾官员，没怎么折腾百姓。这样的天，还算是个凑合的好天。

花蕊夫人

红颜薄命，自古皆然。即使貌若天仙，落到君王手里，化为宠姬，也不见得就一辈子享福。年老色衰，沉沦冷宫，大抵是一个宿命。如果君王自己也完了，那么成为敌寇俘虏，命运就更悲惨。南唐李后主的小周后，后蜀孟昶的花蕊夫人，都是当年闻名遐迩的美女，也都随着夫君做了俘虏。小周后在名义上，还属于后主李煜，但隔三岔五要进宫被宋太宗赵光义临幸，一折腾，就是几天。后人还画了宋太宗临幸小周后图，等于补了春宫。至于花蕊夫人，在赵匡胤派人征蜀之前，已经有布置，打下成都，特意派人将之接出来，从蜀中出来，直接就进了宋太祖赵匡胤的后宫。大宋开山的两位皇帝，都是武人，好色本是看家的本事。据说，这样的武人对处女兴趣不大，就是喜欢抢人家的老婆，这样，征服欲才能得到极大的满足。不过,这样的作为,也有报应。到了赵家宋徽宗、钦宗当家的时候，父子俩的后宫一并被女真人掠去，到了北地，塞入浣衣局做了军妓，没黑没夜地被胡人凌辱糟蹋。

国破家亡，会当其时的美女，是要背罪责的，因为古来历史解释学，第一号大道理，就是女色亡国论。亡国之君身边的美女，想都不用想，就是祸水。小周后也好，花蕊夫人也罢，都是标准的亡国祸水。对此，小周后没有声响，花蕊夫人留下一首诗，不服。诗云:“君王城头竖降旗，妾在深宫那得知？四十万人齐解甲，更无一个是男儿。”有人说，这诗是赵匡胤召见她，责怪她色诱君主，红颜祸国时写的。也有人说，其实她没写过诗，之所以有这诗，无非是好事者替美女抱打不平。后者不过是猜测,没有实据,但前者却有记录。赵匡胤这个武夫,要沾腥,先倡导大义,真没劲。既然是祸水，一刀杀却岂不是好？后来也没杀，估计也舍不得杀。但是，身子归了赵匡胤的花蕊夫人，倒是还怀念旧夫孟昶，自画其像，放在房间里。赵匡胤怪而问之，她说:这是蜀中张仙之像，供他多子。于是，自那时以后，世间流传的张仙神像，实际上就是孟昶。

但是，真的孟昶，命比李煜还惨，投降之后，七天就死了，死得不明不白。其实，此公比李煜有出息，统治蜀地，治理得相当不错。有史家说他喜欢围猎走马，喜欢美女，其实就是那么几天，很快就接受臣子的进谏，改了毛病，专心政务。可惜，美女之好，还没有断，也难断。花蕊夫人，本姓徐，是臣子徐巨璋之女，入宫之后，大受宠爱，受封贵妃，号为花蕊夫人。不仅人长得美，而且有才，能诗。也怪孟昶，少不经事，好色就好色好了，娶个美女大肆张扬，弄得自己的女人远近闻名，远近的色狼，垂涎三尺。当年曹操下江南为了二乔是假的，但赵匡胤为了花蕊夫人打四川，据说是真的。既然如此，孟昶即使降了，也活不成。

孟昶投降的时候，前方迭有败绩，宋家的兵马，已经兵临城下了。这时，他说了一句话:我和我的父亲，温衣美食养士四十余年，一旦临敌，不能为我向东放一箭！这个感慨，见识还不如花蕊夫人。温衣美食养士不假的，但养的士，尽是大言炎炎之徒，临敌吹牛有余，交战则百无一能。孟昶的儿子孟玄喆率精兵数万守天险剑门关,这个宝贝儿子带上美姬、女乐上阵，临敌即逃。四十万人齐解甲，自然就保不住自己的美女。

有消息说，花蕊夫人也没比她的前夫多活几天，因为赵匡胤的弟弟赵光义也看上了她。这事，没法让哥哥相让。于是，就假借道德名义，为了不让皇帝沉湎女色，在游猎之际，装作失手，一箭射死了跟随游猎的花蕊夫人。够狠，我得不到，你也休想。难怪后来有烛影斧声之谜，看来，哥哥是着了弟弟的道了。

“更无一个是男儿”，肯定是个病。但这病，怪不得女人，也不怪君王好色。逼人投降、交出女人的，也是好色之徒。要怪，就怪保不住女人的男人，政治没弄好，不能把能人放在权柄上，临难之际，领兵的都是些草包饭桶。到了这个时候，再埋怨这些人辜负了你的恩义，不玩命抗敌，死都没明白是怎么死的。四十万人齐解甲，倒还少了点杀戮，积了阴德。

太后也是人

这些年，人们对男女性事，看得比较开了。一听说某位大人物好色，见了美女眼睛发直，大家都做理解状，然后就会说:领导也是人嘛。没错，小民是人，领导也是人，大家都是人，是人，就免不了俗。圣人言，食色性也。本性如此，没法子可想的。只要不是依权仗势搞女人或者男人，有点绯闻，人们都可以当消食的谈资，没人搞大批判。

慈禧太后叶赫那拉氏，是晚清最牛的大人物，实际上当大清的家，当了四十八年，将近半个世纪。这个王朝面临三千年未有之变局，变成什么样，大半跟这个女人有关。但是，作为一个寡妇，即使贵为太后，依旧门前是非多。种种有关她的绯闻，自晚清一直传到今天，没完没了。绯闻涉及的人，有王公贵胄，也有汉人大臣，甚至还有戏子和太监（说是没割干净）。当然，西太后真正的绯闻，应该是没有的。满人是个从山上下来的民族，为了强调自己的正当性，在礼教方面，特别得讲究。叶赫那拉当家做主，从根本上说，是因为自己的夫君，如果有半点差池，在名节上亏了，那么，不仅在汉人那里名声不好听，满人的吐沫星子都可以把她淹死，一天都玩不下去。毕竟，满人政权，背后还有一个满人政治，这才是朝政决定性的因素。

那么，有没有这个可能，这女人偷着来，搞秘密情人？几乎没这个可能。深宫里，其实就是一个透明的世界，首脑人物，一举一动，都有人看见。连朝政大事，都保不住密，更何况个人生活的八卦？自打垂帘听政，这个女人就把自己嫁给了权力，嫁给了政治。在政敌环绕的情况下，私人生活，只好委屈了。

不过，不搞绯闻，不等于说她不想男女之事。西太后二十五岁上下就守了寡，正当青春年少。这个女人，姿色不错，性欲正常。在男女之事上，开窍挺早，比起宫里别的女人来，多少有一手，否则，不会单她跟皇帝生了个儿子，从常理预测，很可能是皇帝给她的机会多一点。二十五岁，正是一个女人鲜花怒发之时，呼喇喇就一个人独守空房，过没有男人的日子。即使明面上都按捺得住，心里还是会有潜流涌动。

接近西太后的人回忆说，这个女人其实待人不错，但唯一的一个毛病，就是看不得身边亲近的人性生活幸福。自己的亲儿子同治皇帝载淳，娶了皇后，却不让人家好好过日子，自己跟儿媳妇闹得特僵。坊间传说，同治最终生的病，实际上是梅毒，是同治憋极了，被人带去逛下等的暗门子染的病。同治死后，他的皇后也跟着殉节死了，不死的话，估计生不如死。抱养的儿子光绪皇帝载湉，西太后给他娶的媳妇，是一个龅牙露齿的丑婆娘，一个稍微漂亮点的珍妃，还被西太后视为死敌，狐狸精。庚子年临要逃走，还不忘把这个狐狸精扔到井里。恭亲王奕訢的女儿，被召进宫陪伴西太后，宠信无比，多少是因为这位公主守了寡。连西太后身边得宠的宫女，都没有一个嫁得好的，这个越来越老的女人，就是看不得周围的人在这方面好过一点。

自己不性福，也没法性福的西太后，也有自己的排遣方式。这就是看戏，或者说看戏子。原来宫里唱戏，都用太监，但到了她这里，规矩改了，请外面的名角儿进来演。那年月，唱戏的都是男人，无论扮男人，还是扮女人，但凡是名角，扮起戏来，都个个帅。对于一个寂寞的女人来说，看戏子比看戏，其实更有味道。

当年，西太后最喜欢的演员，人说是谭鑫培，其实是杨小楼。杨小楼是武生名角杨月楼之子,也是当年的名武生。个儿大,身材棒,扮相又好。当年他的爹，就是个迷倒半城的帅哥，他一点也不次于乃父。杨小楼不仅漂亮帅气，而且因为是武生演员，举手投足，有着一股子英气。所以，进宫之后，杨小楼得到了西太后最多的宠爱，不管演什么，就是爱看。

有一次，杨小楼演完，西太后特别高兴。对总管太监说：嘉训（杨小楼的真名叫杨嘉训）演得太好了，我要赏他，叫他过来。于是，总管太监就把杨小楼带过来了，跪在西太后前面。太后说：近点，再近点。一直跪到西太后的眼前。西太后这才说：你今天演得太好了，我要特别赏你。杨小楼连忙磕头。西太后伸出大拇指，上面戴着一个玉扳指，说：你看这扳指好不好？就赏了你吧。杨小楼又磕了一个头，说谢谢老佛爷。但是，老佛爷说是说，就是不把扳指脱下来，如此三番，扳指还在老佛爷手指上。看那意思，西太后老佛爷是想让杨小楼自己把扳指从她手上脱下来。这杨小楼哪儿敢哪？正尴尬着，总管太监看出了门道，上前一步说：奴才替佛爷赏了他吧。这才把扳指脱下来，交给了杨小楼。

显然，此时的西太后，看戏看得情不自禁，有心要跟杨小楼亲近一下。但是，就这么点欲望，还是实现不了。

帅哥人人爱，西太后也不例外。说实在的，太后也是人嘛。

末世王朝的软肋

清朝的末世，不知是有幸还是不幸，当家的是个女人。满清王朝，由于出身差，从白山黑水那儿下来的，所以，为了强调自己统治的正当性，对于王朝的礼法秩序，特别在意。所以，在慈禧太后出世之前，从来就没有太后临朝这回事。在这个讲究遵行祖制的王朝，一个女流要冒头当家，其实挺难的。但慈禧命好，恰逢一个特别的机遇。因为咸丰朝秉政的肃顺，身为满人，却看不起满人，为了一点不大的事儿，就杀了一个权贵要人柏俊，结果引起了满人群体的不满，甚至不安。慈禧太后联合恭亲王奕訢，发动辛酉政变，杀掉肃顺，当然大得人心。所以，她出来干政，就没人说什么了。这一点，对于带有部落政治传统痕迹的满人统治来说，至关重要。紧是这样，慈禧太后坐天下，至少在名义上，都得拉住一个皇族的满人亲贵，跟她一起干。只有这样，她的临朝，才有正当性。其实，虽然清朝没有太后临朝的传统，也没有亲贵用事的传统，此例一开，难免会有后患。

她开始是拉恭亲王奕訢，然后是醇亲王奕譞，甚至还有端郡王载漪，最后就只有庆亲王奕劻了。奕劻本是皇族内离现任皇帝血缘较远的疏族，但自戊戌之后，慈禧太后发现在皇族之中，还就是他有点本事，明白事理。庚子拳乱期间，皇族里头，只有奕劻，还能提供一点稍微清醒的意见。八国联军占领北京，李鸿章主持跟各国的议和大局，也就是奕劻肯冒着凶险留在北京，帮着，也监视着李鸿章，把事办妥。自然，此后开始的新政，也就非重用这个亲王不可了。

但是，奕劻却有一个大毛病，太贪。只要大权在握，就会大肆收受贿赂。这样的事儿，本是王朝末世的通病，只在奕劻身上，显示得特别明显，连门房收的门包，都比别家的多。

慈禧太后是个明白人，看人尤其准，她焉能不知奕劻是怎么回事？但不用他，用谁呢？她多次说过，她知道奕劻弄钱，对不起她，但不用他，有谁可用呢？她这个女人秉政，非用一个皇族亲王不可，皇族里面，也就奕劻可用，没有代用品。对此，当时朝中三大知名的重臣，表现各异。袁世凯明白这一点，所以，他自己虽然未必贪腐，但一定要用重贿，拉住奕劻，让老庆为他所用。而因为庚子勤王讨得慈禧太后欢心的岑春煊，恰恰相反，看着奕劻就难受，恨不得一顿老拳打死。老谋深算的张之洞，则八面玲珑，对老庆奕劻，既不靠得太近，也不得罪。

庚子之乱，慈禧太后逃难，有两个人，让这个重感情的老太婆印象深刻。一个是怀来县知县吴永，是这个小知县，使慈禧在逃难颠沛两天两夜之后，第一次喝上了一碗粥。第二个人，就是当时任甘肃布政使的岑春煊，岑春煊和他的两千多勤王兵马，是慈禧逃难路上，第一次碰上的成建制的军队。如果没有这支队伍护驾，后面能出什么乱子，慈禧和光绪，是不是会被乱兵和土匪杀掉抢光，还真不好说。吴永原来熬了五大锅粥，被乱兵抢去了四锅，剩下的一锅，还是他拿命换来的。即使岑春煊到了，胡闹的乱兵还闹到了太后的乘舆之前，多亏岑果断处置，才化险为夷。所以，后来慈禧总是说，如果没有岑春煊，她们娘儿俩早就饿死了。

慈禧与岑春煊有这样的患难交情，对于慈禧这样一个深受戏剧影响，有着报恩情结的女人来说，岑春煊在她心目中的地位，肯定很高。无疑，慈禧对岑是信任的。但是，以澄清天下为己任的岑春煊，却偏要跟奕劻过不去，几次三番与奕劻为难，不惜当面告奕劻的御状，说他的门房，收自己的门包。虽然说，慈禧未必不想打击贪腐，用岑春煊这个猛人，澄清一下吏治，但是，这个老太婆，却无论如何，都不可能放弃奕劻。

钱穆先生说，清朝一直有部落政治的痕迹，这是不错的。部落政治，就是满人政治，慈禧太后当家，必须有满人舆论上的认可，满人政治意义上的合法性，否则，自己的江山就别坐了。奕劻所代表的，不仅是满人皇族亲贵的能力，而且是合法性。

于是，岑春煊的命运就确定了，他尽管有慈禧之宠，但却没有扳倒奕劻和依附奕劻的袁世凯，反而被袁世凯利用一张伪造的岑春煊和梁启超的合影（非常简单的洗印合成手段）扳倒。这一点，又是慈禧的一个软肋，那就是她无论如何都不能承认戊戌维新的正当性。新政即使抄康梁的旧稿，但康梁却依旧是万恶不赦的罪犯。一旦政敌提供了岑春煊和梁启超勾结的“证据”，岑春煊就算完了。

慈禧死的时候，立了一个三岁小儿做皇帝，但却没有给小皇帝名义上的母后、她的侄女隆裕临朝的机会。她排除了女主，却让亲贵专权用事，泛滥成灾。有她这个女强人在的时候，亲贵虽然用事，还是受到遏制，没有她的时代，亲贵专权，就成了灾难。最终，大清，就毁在这上面了。

一个死太后的荣光

1913 年 2 月 22 日，那一年旧历的正月还没过完，清朝最后一个太后——隆裕皇太后撒手归西，享年勉强算是四十六岁。离她亲手葬送满清王朝，同意皇帝退位，方才一年。

就算头上有顶太后的帽子，隆裕也是可怜人。做皇后，是她的亲姑姑硬塞给光绪皇帝的，人长得丑，即使做了皇后，一辈子不受丈夫待见。而赐给她皇后头衔的姑姑，却怪她不能辖制住丈夫。可怜的她，两头受气。直到熬成太后，也名不副实。溥仪做皇帝，名义上兼祧两家，既继承同治，也继承光绪，同治的皇后殉节了，只剩下她做溥仪的挂名继母。半拉儿太后，按道理也是太后。可是，她的姑姑临死的时候，却偏不让她过太后的瘾。小皇帝三岁登基，秉政的不是太后，而是小皇帝的亲爹醇亲王载沣。自家过足了垂帘听政的瘾，临了，把这好事给掐了。

待到辛亥武昌起义，大清江山倾覆之际。重新出山的袁世凯拱掉了摄政王载沣，让这个大男人回家抱孩子，隆裕因此真的做了几天太后。然而这个太后能做的就是，第一，把宫里攒的银子，交出来；第二，把大清江山送到袁世凯手里。明摆着是欺负孤儿寡母，而隆裕就来扮演那个被欺负的寡母。

一个亲手葬送江山社稷的太后，日子怎么能好过？亡国之君当时还是个孩子，真正的亡国之君，实际上是她。铁杆庄稼突然倒下，日子日渐艰难的满人，成天抱怨她，骂声一片。自打入宫，就一天好日子没过的隆裕，跟她的丈夫一样，肝都不怎么好。从后来的医案判断，隆裕死前，一肚皮的腹水，估计八成是肝癌。

然而，翘了之后的隆裕，却得到民国的隆重丧礼。按清室优待条例，退位的清帝享受外国君主的待遇。袁世凯和溥仪之间行文，都是平等的两国公文，那么就是说，隆裕之死，等于另一个国家太后之死，干民国何事呢？可是不行，辫帅张勋提议，要举行国葬。总统袁世凯满口答应，亲戴黑纱，在太和殿，也就是我们说的金銮宝殿，举行国民哀悼大会。由临时参议院的议长，著名的反清斗士吴景濂主持。第二天，袁世凯还不过瘾，又开了一个全国陆军的哀悼大会，由陆军部长段祺瑞主持，祭文由段祺瑞的文胆徐树铮撰写。几千大兵，臂戴黑纱，庄严肃立，那阵势，格外雄壮。这些兵如果当年都效忠太后，大清的江山怎么会丢呢？但是，按徐树铮的说法，陆军跟隆裕之间，关系非同一般。因为中华民国怎么来的呢？是从大清来的。大清怎么变民国了呢？因为隆裕太后不忍同室操戈，生灵涂炭，应陆军将领之奏请来的。所以，今日的民国，民国的国民，都应该感激太后，感激陆军。

小徐在没做将军之前，是个秀才，给段祺瑞做秘书的。文笔硬是好，鬼扯一流。当日清帝退位，赵秉钧和胡惟德在里面威逼，段祺瑞等一干北洋悍将在外面威胁，可怜一干妇道人家，周围连个帮着拿主意的人都没有，活生生被逼得签了卖身契——一年四百万两。到她死的时候，已经满一年了，那卖身的银子，一两都没见，却猫哭老鼠，一个劲儿地往这个死了的女人身上贴金，让人怎么看怎么像是做戏。

戏都是做给人看的。那时节的女人，生前如何不要紧，要紧的是死后光鲜。给足了死太后面子，也算给了这个被欺负到家的女人一点补偿。她的家人，包括她身后的满人，多少也算有了面子。更重要的是，戏要做给陆军看。为何要陆军开一个追悼大会，而不带上海军？因为海军辛亥就叛了，脑后早有反骨，从未对袁世凯的反正有什么想法。但是陆军（实际上也就是他的北洋军）不同。别看段祺瑞可以带头拥护共和，但其他人却未必。北洋三杰之一的冯国璋，就一直有想法。身为北洋军人的冯玉祥回忆说，清帝退位之后，他的好些同僚，都在背后骂袁世凯是曹操和王莽。更何况，北洋系里，还有始终不肯剪辫子的张勋和他的辫子军。借隆裕这具尸体，演出一把鼻涕一把泪的悲情戏，未必能把曹操和王莽的名声洗掉，至少给这些人是个安慰。某些北洋军人，包括张勋不满意袁世凯，也就是那么一股子情绪，未必会真的怎么样。即使惋惜清朝的覆灭，恨的也是革命党，孙文、黄兴这些人。袁世凯毕竟是他们的主公，但主公也得做得漂亮点，别让他们偶尔觉得心里过不去。

官员嫖娼那点事

官员嫖娼，在过去的中国不算事。王朝时代，妓院的主流，是官营的。这事据说是从春秋齐国的管仲开始，为了国家创收，弄了女闾三百，设立红灯区。从这以后，官员嫖妓，官妓优先供给。古人讲究情趣，官员送往迎来，联络感情，招妓侑酒，例行公事。妓女不仅仅是陪酒亵戏，重点是歌舞弹唱。所以，教坊里的官妓，吹拉弹唱，都得会点。琵琶也好，中阮也好，都是妓家的传家乐器。能边弹边舞者，自是此辈中的高手，所以值得被敦煌壁画记录下来。当然，唐代的时候，也有舞剑器的，记录者，则是诗人。

当然，不管歌舞如何，男女之事是免不了的。从某种意义上说，歌舞，也是为了让性事更激昂，更富有情调。严格地说，那年月，妓女的姿色不见得可以跟官员家里的歌姬媲美，但技艺和情调，肯定要高。所以，才让家里有一堆佳人的达官贵人，一个劲儿地往花街柳巷溜达，大把大把地扔钱。

其实，就算妓女们的色艺都不敌家里的，官员们该去还是得去。灵长类动物的本能，强悍、地位高的雄性，就是要尽可能多地占有异性。猴子变人之后，有了文化，这种行为被披上了文化的外衣，但实质上，还是多多益善。占有更多、更美丽的女性，未必是性欲的需要，而是权势和地位的展示。就跟财产和房舍一样，越多，越宏丽，自家的感觉就越是好。

比较野蛮一点的,大抵动强生抢,据说成吉思汗就喜欢抢别人的老婆，对处女反而不稀罕。已经是人家的所有物了，抢过来变成自己的，过瘾。比较有文化的汉人官员，不屑于这样强横，他们会买，会诱使部下奉献。当然，如果诱惑力足够大，也不排除动抢。西晋时的石崇，就因为自己的爱姬绿珠名头太响而遭了祸。后蜀的花蕊夫人，也由于艳名太著，害得老公国破家亡。所以，理性选择，金屋藏娇，还是藏紧点好。但过于低调，没法跟人炫耀，又很是没趣，像明珠暗投，绣衣夜行。

所以，比较起来，还是嫖妓比较合理。教坊里的美女，是大家的，首先是官员的。想炫耀一下权势，亮出头衔，多扔点缠头就是。况且，吃花酒的时候，众多官员在一起，官大官小，一目了然，自古美女爱高官，你官儿大，自然会有美女前来奉承，给足了你面子加里子。

官员嫖妓的好日子，到了清朝，遭遇毁灭性打击。满人是从白山黑水那儿下来的,原本日子就俭朴,见不得明人的骄奢淫逸,加上研习理学，把朱熹纸上的话当了真，所以，皇帝不许官员嫖妓。官员不进妓院，待仕的士大夫当然也就不便进。弄得清代妓女文化萧条,再也出不来柳如是、李香君这样的名妓。京里的官员憋极了，只好在戏子身上打主意。当年的戏子，都是男儿身，但俊俏的男旦，却也可以成为妓女的替代，时人把这叫作逛相公堂子。别误会，这不是同性恋，不过是有点偏差的嫖妓。

这样的日子，到了晚清有所改变，纲纪乱了，太后和皇帝管不了那么许多。巡城御史睁一眼闭一眼，胡同里安营扎寨的妓女多了，逛胡同的官员，也就多了。只要不闹得太不像话——像庆王爷的儿子载振那样，率领本部官员集体招妓，没有人大惊小怪。民国之后，官员就更自由，各部议事，都挪到了八大胡同的花酒席上，莺莺燕燕，当了半个总长的家。作为新事物的国会议员，也不甘落后。当年北京人称，有三样人比较喜欢逛胡同，两院一堂。两院就是国会参众两院，一堂就是京师大学堂，即今天北大的前身。不过，在民国初年，这个学堂多数的学生，都是官身。

其实，在任何时代，嫖妓都不是一种好事，无非败德之行。对于三妻四妾，歌儿舞儿成群的达官贵人来说，自家的碗里那么满了，还要到外面打野食，无论如何，老百姓都不会感到舒服。但是，在一个男权社会，一个官权大于天的社会，官员要怎样，皇帝不管，还能有谁管呢？在现代社会，官员嫖妓这点事，如果仅仅事关他们的脐下三寸，自己掏钱自己消费，不过是私德问题。因此犯了党内的规矩，也是他们党内的事。可是，如果这后面有权钱交易，权色交易，那可就事儿大了。可惜，但凡官员在这事上栽了，多半都跟交易有关。解决之道，如果回到古代，让官员有嫖妓的特权，更是天下大乱。加强道德教育，让官员天天学习，好思想恐怕也灌输不到脐下，该犯事的，还是得犯。

说一千道一万，还是得有制度，制度上的人盯着点。

变法者，王朝里的『革命』先锋

士大夫做好人，下人就有可能跟着，你不爱钱，我也不爱。你有尊严，我也讲究。士大夫的榜样作用，也就出来了。

“均平”的幻象

黄巢出身私盐贩子之家，父辈贩私盐，本是犯法的买卖，干这样的买卖，做大了，多半需要武装。所以，自古以来，私盐贩子跟土匪盗贼，差不太多，都属于第三社会的边缘人士。到了黄巢这一辈上，大约是积攒了些钱财，有本钱改弦易辙了，所以，黄巢从学，读经学诗，参加了多次科举考试，可惜，均名落孙山。唐朝末年的科举，已经跟其他制度一样，开始腐朽，连韦庄、罗隐这样的才子，都屡试不第，何况黄巢！下层人上升的通道堵塞，唯一的办法，是投军。此时唐朝军阀割据势态已成，各地军阀，经常混战，用人之际，只要有两下子，不管你是谁，凭拳脚枪棒都可能博取一份功名。但是，黄巢似乎也不是这样经打的汉子，没有去投军。野心大，又不甘寂寞，赶上王仙芝起义，黄巢就纠集父辈的旧部，加入了进去。独撑局面之后，号称“冲天太保均平大将军”，打着均贫富的旗号，号召力很强，游走于各路藩镇州县之间，打一处，抢一地，气候越闹越大。乘湘江涨水，乘大竹筏从广西北上，进入北方之后，由于长期战乱，社会破坏更严重，因此响应者甚重。很快就打下两京，进入长安，建立新朝，国号大齐。这个齐字，跟他的均平号召是相配的。

可是，做了皇帝的黄巢，他的大齐新朝，却还是一派流寇气象。麾下的军队，号称六十万，没有自己的后勤供应体系，走到哪儿，抢到哪儿。先抢富豪和高官，抢完了抢稍有资财者，然后连贫民也抢。看见什么抢什么，不仅抢财物，也抢女人。韦庄的《秦妇吟》里的秦妇，就是一位被抢掠到黄巢军中的女子，这样故事，诗里还有几个。有人不满，写了首讽刺黄巢的诗，挂在尚书省的大门口。黄巢手下第一号大将尚让，马上把尚书省所有的官员，连同看门扫地的杂役，统统挖掉眼睛，倒吊在大门口。还在全城搜捕所有能做诗的人，抓了三千人，不加分别，全部处死。

黄巢来之前，人们渴望他来了，惩治不平，实现均平，由均平致太平，然而，黄巢来了之后，长安周围的百姓，日子更不好过，简直朝不保夕。富人活不了，穷人也活不了。能逃亡的，就都逃了。人都没了到哪儿抢去呢？没地方抢了，周围的军阀一围上来，黄巢的六十万大军，也就散了，大小头目分道扬镳，黄巢只好再次走路，重过流窜生涯。但是这一次，可没有人拥护他了，不久，就穷途末路，自己了断了自己。

国人喜欢均平，但是更喜欢发财。严格地说，均平是求富不得之后的追求。如果一个社会，出现了普遍的均平呼声，那就意味着求富已经成为一种可望不可即的奢侈，贫富不均，已经到了难以容忍的境地，一般人发财的梦没有途径可以实现，上升渠道严重堵塞。统治者没有办法维持一个正常的秩序，社会不公已经相当普遍。也就是说，这个社会已经处于崩溃的边缘。

处于崩溃边缘的社会，人们由于社会的失序，对于统治者不满乃至绝望，因而会对第三社会的边缘势力抱有幻想。黑社会的势力崛起，一般都会打着均平富的旗号，迎合人们。虽然说，扯旗造反的土匪，个个都号称杀富济贫，但实际上，杀富固然有之，济贫却是未必。何朝何代，劫掠富人之时，财宝一般都进了领头人的私囊，小头目才能沾濡一点余沥，至于小喽啰，只能看着。开仓分粮，多半是因为土匪们拿不走了。尽管人们痛恨社会的不公，统治者的骄奢淫逸，但是，随之而来的造反，除了最初某些贪官污吏、土豪劣绅遭殃，令人解气之外，带来的却是更大的混乱，更为严重的不公。所有想正常过日子的人们，遭遇的每每是灭顶之灾。

人说，盗亦有道，只是一种被美化的状态。盗匪高喊平均，无非是一种宣传，从来都是说说而已。人们看见了他们打家劫舍，看见他们奸淫掳掠，也偶尔会看见他们开仓放粮。但开仓放粮的事，一般会被放大，奸淫掳掠的事，都会被遮蔽。因为此时的人们，对上层满怀怨恨，一心只想泄愤。其实，第三社会的造反，原本就是对社会秩序的破坏。指望他们实现社会正义，其实是缘木求鱼。求来的，只能是更大、更惨的灾难。

杯酒释兵权

杯酒释兵权是宋太祖赵匡胤的杰作，办了这件事，宋朝方能立得住，否则，充其量会在五代之后，再加一个短命王朝而已。其实，办这件事的力量，五代的多数开国之君都有，但他们却没有一个人能有这样的心机。五代之任何一代，开国之君都是当时最大的军阀，有本事改朝换代，没有别的，只是说明他的军事实力最强，而他自己，也是众军头中，最能打的一个。如果有心削掉他人的兵权，以实力为靠山，再加上一点权谋，大体没有干不成的。只是，这些武夫以武力夺天下，路径依赖，还是依赖武力，根本想不到释兵权这回事。

赵匡胤是周世宗柴荣的爱将，关系相当的好，柴荣对他，也十二分地信任。以这样的君臣际遇，赵匡胤大概没打算在柴荣尸骨未寒之际，就这样快篡权夺位。可是，自家兄弟并众军士一起哄，黄袍加身，自己也就半推半就，做了皇帝。只是，赵匡胤比别的军头，多了一点心思——这样的事，自己麾下的军士能干，别人是不是也能干？这层窗户纸，经赵普点破，于是就有了杯酒释兵权。

但是，这个过程也相当不容易，绝对不是一顿酒就能解决的事儿。说实话，释兵权的酒，一共喝了两顿。先拿下大军头，再办小一点的。

有的时候，赵匡胤也会反复，削掉一些人的兵权，却又信任另外一些人。武人之间，存在着战场上血肉拼杀出来的交情，不大容易因为释兵权的总策略，就轻易改变。在杯酒释兵权之后，赵匡胤还要用天雄节度使符彦卿典掌禁军。赵普不同意，赵匡胤说：我待彦卿甚厚，交情不一般，他岂能负我？赵普说：那陛下何以能负周世宗呢？赵匡胤这才没话说了。

释兵权的要害，是重建文治，不仅是以文压武，以文臣治军，还意味着制度的整体变革。但是，五代骄兵悍将占据社会中心日久，想要把他们一朝逐出，得慢慢来。别的不说，打天下，还得靠他们。所以，即使是众节度使释兵权之后，还是要用若干宿将镇守边关军州。以赵赞屯延州，姚内斌守庆州，黄遵诲环州，王彦昇原州，冯继业灵武，李汉超关南，马仁瑀瀛洲，韩令坤常州，贺惟忠易州，等等。这些军将有职有权，准许便宜用事，只是军队和掌控的地盘比此前小了很多。此时，天下尚未统一，别说石敬瑭割去的燕云十六州没有回来，南唐、后蜀、北汉等国还在割据。卧榻之侧，尚有众多的好汉子赖汉子在酣睡。所以，赵匡胤对麾下的武夫，依旧笼络有加。武夫们，也还是旧脾气，跋扈如常。守关南的李汉超，行事风格依旧像个军阀，抢男霸女。一日，他的治下之民进京告状，说李汉超强娶民女为妾，同时还借他钱不还。此事上闻，赵匡胤找来告状的人，问他："李汉超没来之前，北边的契丹安静吗？"那人回答："经常来侵扰。""那现在呢？""没有了。""那你的女人如果不嫁李汉超，会嫁什么人哪？""农夫而已。""李汉超是我的贵臣，娶你的女儿为妾，不强似嫁个农夫吗？"就这样，三言两语，把告御状的人打发了。然后派人跟李汉超讲，赶紧还人家钱，把人家女孩退回去，下不为例。缺钱，就告诉我吗。这样一来，慢慢武夫们规矩些了，也乐意为皇帝卖命。于是乎，那些在卧榻之旁酣睡的汉子，都变成了阶下囚。

下一步，再打破五代以武人做州县官的惯例，派文人掌州县，再把州县直接归中央政府管辖，节度使既没了兵权，也没了地盘，成了一个空衔。唐末以来，节度使都挂门下平章事衔，貌似宰相，现在被取消。然后将各州的军兵，精锐者都划归中央禁军，各州的地方军逐渐成了老弱病残的安置所。然后地方财权收了，司法权收了，人事权也收了。各州还加派一个通判，跟知州平起平坐。然后科举大兴，每年一次，取士多多益善。安排殿试，但凡考试得中，就是天子门生。尽管最初交出兵权的武人们，高官厚禄，日子过得不错。但整个国家，文官地位越来越高，武将地位越来越低。当初跟赵匡胤平班的这些武夫们，后代子孙若要发达，非改行习文，否则永远被人看不起。

当然，释兵权的策略，总的说来，重建了文治，开创了一片新天地。但很多地方，也用力过猛，做过了。导致宋代整体上武力不强，军备积弱。几番调整改革，都没有调整过来。

拗相公王安石的拗

王安石一世为官，一世得罪人。仇家攻讦不断，但却没有弊案缠身。说起来，宋人还是厚道，玩阴的人不多。不过，此公逸事却不少，据说当年就进了瓦舍书场，供人消遣。有个说法是此公不修边幅，不洗脸，不洗澡，上朝面君，头上的虱子爬下来，吓了君王一大跳。当然这是小说家的夸张，再邋遢的人，上朝见皇帝，也得收拾干净了，否则，一个失仪之罪，即使皇帝不问，御史台也饶不了。北宋是个台谏特爱找执政麻烦的时代，这样的事，明摆了是留给御史的大把柄。

当然，真实的王安石的确是不修边幅，不爱洗脸、洗澡，衣服脏了，也随它去。去州县做小官的时候，家眷不随行，邋遢得实在不行了，同事推荐他用澡豆洗脸，说他的脸太黑。他说："天生黑于予，澡豆其如予何？"偏不用。实在没办法了，就拉他去泡澡堂，然后轮流给他新衣服。号称"拆洗王介甫"（王安石的字），搓澡工将王安石涮洗完了，到穿衣服的时候，旧衣服没有了，新衣服在，他也不问来路，穿上就走。等到脏得不行，同事就再拆洗他一次。

不过，不爱洗漱的王安石，倒不见得天生邋遢，不卫生。而是他太忙，忙于看书，想事，大事——修齐治平的天下事。实在没有功夫，也没有心思打理自己。初入仕途，发在扬州知州韩琦手下公干，天天读书到后半夜，早起上衙门，蓬头垢面，眼屎一堆。韩琦不相信这个年轻的下属是在秉烛夜读（考完试了谁还读书呢？），老怀疑他是去不良场所游冶去了。一旦家眷来了，王安石就没法这样放纵了，他的夫人，据说有洁癖，王安石不涮洗干净，怎么可能上床？只要有人给他涮洗，他倒也主随人便。

涮洗之事如此，吃饭也这样。入相之后，每日中午有公款招待，竭尽天下美食，什么稀奇古怪的好吃的都有。不久，坊间传闻，说是王安石特别喜欢吃獐脯，每次都把盘子里的獐脯吃个干净。他夫人听了感到奇怪，没感觉我的老公有什么特别爱吃的东西呀？怎么进了衙门就变了，而且变得这么奇怪。经过一番调查才发现，所谓爱吃獐脯，只是因为第一次吃饭，恰好下人把獐脯放在他的眼前，于是他就可着一个盘子吃。下人误以为他爱吃，以后天天把獐脯放在他的跟前，于是天天光盘。换一盘别的，他也是光盘。严格地说，坐在案前吃饭的王大丞相，其实对吃什么毫无感觉，他只是例行公事地吃而已。就算眼前是一盘窝头，也照样吃个干净。

在历史上，王安石是被称为拗相公的。他的拗，其实不是涮洗和吃饭这些小事，这些小事，他倒是能够听人摆布的。他的拗，体现在变法的大事上。

中国自秦汉以来，就是一个官僚帝国，但官僚制的毛病，宋代为甚。赵匡胤一介军汉，深恶五代十国骄兵悍将的跋扈，立国之后，反其道而行之，贬抑武夫，奖掖文人。将众多读书人都笼络到体制内加以优待，同时也担心文官坐大，于是体系越来越庞大，机构叠床架屋。有此职者无此权，无此职者倒要做此事，一件事，几个、甚至十几个衙门做，最后大家一起扯淡，事情没有人做，钱倒不少花。这样下去，不改当然不行。但王安石的改革，却是以强化国家权力为目的。一方面机构改革，开罪大批的冗员，一方面改变国家政策，平白生出许多事来，给了基层政权扰民的机会，又得罪了百姓。众多政策变革中，只有一个免役法，有一点市场化的因素，但也因有基层政权的参与，弄得不像样子。其他的，几乎一落地便成扰民害民的弊政。变法的反对者，非常复杂，有的出于恶意，也有的出于善意。但王安石却固执己见，强力推进，人家越是反对，他就越固执，一点不同意见都听不进去。凭借皇帝的支持像压路机一样，碾碎一切阻碍。结果呢，一群逢迎之徒，都聚集在他的周围，事越办越砸。

说实在的，王安石当然不是一个恶人，更非奸臣。他的夫人给他买了一个妾，一问，原来此妾是一个军将的妻子，军将因为押运粮草失陷，赔累不过，把妻子卖了。王安石当即找来军将，把他的妻子还给了他。当政之后，得了哮喘病，人说非紫团山参不能治，下面人馈赠几两，他却拒而不纳。人说："你要靠它治病的！"他说："那么多年没有它，我也活了。"其实，他是不想开启下面的官员上贡交接上官之风。但是，王安石之后的著名奸臣，比如章惇、蔡京，却都是王安石新法热爱者。以强化国家权力为宗旨的变法，变来变去，就成了权臣们给自己弄钱的方便法门。当年就有人说，王介甫一分不是，即是一分好人，十分不是，即是十分好人。说得多好——十分的好人，却偏偏干出来十分的坏事。

司马光的另一面

刚懂事就知道司马光这个人，因为大人送我的文具盒上，画的就是司马光砸缸的故事。但那时候我家在东北，水缸每每又粗又大，非常坚实，一个孩子能拿起的石头，无论怎样用力掷过去，都不可能将它砸破。即使是成年人，要想砸破它，也得用铁锤才行。所以，看见文具盒，想想门外的大水缸，心里总是有点嘀咕。后来回老家，发现老家有种水瓮，肚鼓而皮薄，倒是很容易被砸破。心想，当年司马光砸的缸，有没有可能就是这种水瓮？看宋人笔记，果然，司马光当年砸的，就是大水瓮。

砸缸，意味着机变。当年的司马光，其实不是以机变闻名的。他的名声，是严正而且执拗。用后世的说法，还有道学气。他自我得意的童年故事，不是砸缸，而是吃胡桃。说是他小时候，弄了一个青胡桃，姐姐想去掉皮，失败。过一会儿，一个婢女用热水给烫掉了。姐姐回来，发现胡桃皮已经去掉了，问他怎么回事？他说："是它自己掉的。"正好被司马光的父亲听见，呵斥道："小子怎可谩语！"于是，司马光说，他从此不为谩语。谩语，即是欺蒙之言。司马光一世为官，给人的印象，就是不欺蒙，不打诳语，一本正经。闲居西京，令一老卒上街卖掉自己的坐骑，告诉老卒说："此马夏日肺有毛病，谁要是买的话，先跟人家讲清楚。"在朝堂之上，有一说一，有二说二，即使是好朋友，也一点面子不给。为了变法事，跟王安石、吕惠卿争得你死我活，即使在皇帝面前，也不肯让一分半点。为此，苏轼骂他“司马牛”，而他自已则称迂公。

人一旦迂了，就不便好色。好玩的事，也就不能凑热闹。司马光婚后，与夫人相敬如宾，人称其有乃祖之风（指司马相如），可惜司马光却不会弹琴。上元灯节，夫人要去看灯。他说：“家里不也点灯吗，干吗要出去看？”夫人说：“是要看人。”他说：“难道我是鬼吗？”婚后无子，夫人为之纳一妾，他置之不理。一日，妾打扮得漂漂亮亮潜入他的书房，千娇百媚，他却只顾看书。妾近身过去，翻起一页，娇滴滴地问道：“相公这是什么书啊？”司马光拱手正色，吐出两个字：“《尚书》。”妾铩羽而归。所以，理学家邵雍评价司马光，是脚踏实地的九分人。在邵雍眼里，大概只有孔夫子，才是十分人。

其实，司马光年轻的时候，并不是这样一本正经。从军做幕僚，同僚有人跟一个营妓相好。营妓档次很低，做幕僚的，大抵是个士人，私通营妓，传出去不好听。可是军旅生涯，枯燥之甚，有何法可想？司马光知道同僚的秘密，但却从不声张。一日，同僚跟营妓在僧寮幽会，被司马光撞见，营妓慌忙翻墙逃走。同僚不得已，以实相告。司马光不慌不忙，赋诗一首赠之：“年去年来来去忙，暂偷闲卧老僧床。惊回一觉游仙梦，又逐流莺过短墙。”彼此相视一笑，此后同僚偷得更欢，也就不回避了。

道学家不好做，如果性欲正常，非有超人的定力不可，近乎做苦行的和尚。司马光不是邵雍，也不是二程，没有探究学理的兴致。君王用他，要兼济天下，为帝王师，不用，则退而编书著史，也是为了供帝王借鉴。这是个处庙堂之上，江湖之远，进亦忧其君，退亦忧其君的家伙。一门心思，就是要干治国平天下的大事。一个那个时代的政治人，为政治而生，政治而死。别的，都无所谓了。

只是，走道学路线从政，过于一本正经，路径也影响了他的为人为政。年幼之时，有砸缸的机变，年轻时也有宽容之风雅，到了中年以后却眼里不揉沙子，是非分明。喜则一切好，恶则一切糟。神宗死，哲宗继位，太后不喜新法，由此拼命反对新法的司马光上台秉政。新法推行有年，弊端固多，但朝政需要变法，却是不争的事实。司马光上台，一股脑儿将新法尽废，制度政策悉数复旧，一干儿拥护新法的人全部拿下。翻了一个大烙饼，也犯了政治的大忌。传统政治，政坛上的是与非，没有那么泾渭分明，错的反面，未必就是对。翻烙饼的结果，势必激化矛盾，从此以后，新旧之争变成党争，终北宋之世，纷扰不已，直到将大宋皇帝两口，送到了北国寒地，坐井观天。

从今天看，王安石变法，以强化国家权力为目的，路径选择有问题，而司马光反新法，大翻烙饼，导致政治动荡，也大有问题。两个老朋友，一对儿道学家，黑白过于分明，行动也过于果决，惹了大麻烦。宋室倾覆，俩人都有责任。治大国若烹小鲜，老子遗训，有道理呀。

司马门下一老仆

在北宋，司马光绝对是个牛人，名气大，火气足，吵起架来，即使在皇帝面前，也绝不让人半分。吵得皇帝老儿脑袋痛，他也不管。政见不合，拂袖而去，不做大官，就去修长长的史，一问世就是经典，不让司马家的另一位司马公（迁）专美于前。

但是，人们也许不知道，司马光家有一个老仆，也很牛，有时比他司马光还牛。司马光在洛阳时，建了一个园子，名曰“独乐园”。在园中修了一个地下室，作为书房，平时在里面读书。园子依山傍水，虽不大，但很精致。虽是私家园林，名曰“独乐”，但对外开放，随人来玩。苏轼有诗咏园曰：“青山在屋上，流水在屋下。中有五亩园，花竹香而野。”人有名，园子也沾光，所以游客还真不少。园子由仆人负责收拾打扫，碰上阔客，会有赏钱。

司马光平时埋头读书著述，一般不露头，几日不在园子里现身，偶尔出来散心，突然发现园子里多了一个亭子。问园丁怎么回事？园丁回答说：“是我建的。”司马光问：“钱哪儿来的？”“游客赏的，有一万钱呢？我那天拿给你，你不要。”“那你怎么不收着自己用？”“我要钱干吗？相公做好人，我也要做好人。”

司马光这个老仆，姓吕名直，有点憨，也有点直，跟司马光的脾气有点像。大概是从小就跟着司马光,两人关系非常好。别人都顺着司马光，就他可以跟司马光发点脾气。觉得哪儿不对了，就直接批评，一点情面都不讲。司马光居洛阳期间，埋首著述，一般情况下不出去游玩，天天用功。一日，洛阳守文彦博邀请司马光春游，司马光情却不得，跟着去了。美妓美酒加美景，好不惬意，一连玩了数十日才回来。回到独乐园，园丁吕直直直地看着司马光，长叹一口气。说道:“大好春光，花木繁盛，相公一去就是几十日，耽误了这满园春色不说，连书也没有看一页，这不是糟蹋自己吗？”司马光闻言，满脸通红，大不好意思，发誓不再外出游玩。此后，但凡有人来邀，即以园丁的话塞给他，挡驾。

独乐园地势高，比较干，但园子里却生了二十几棵灵芝，长得很好。有人问园丁，你用了什么法子浇灌，才令它们如此茂盛？园丁答道：“天生灵物，不假人力。”来人感慨，这可真是司马光的仆人啊。这个老仆人，原来一直称司马光为君实秀才的（司马光字君实），大约从司马光小时候起，就跟着他了。司马光为官做宦，名气大得不得了了，他也没改口。苏轼看着感觉不对，就对老仆说:“你应该叫君实相公。”于是，改口。司马光一听，好生奇怪，说：“你怎么改口了？”仆人回答：“这是苏东坡学士教的。”司马光叹曰：“我好好一个仆人，被苏子瞻（苏轼字子瞻）教坏了。”

司马光是做过宰相的人。官大之人，家仆都很牛气，哪个朝代都一样。人说，宰相家奴七品官。有的时候，别说七品官，就是再大点，还真惹不起宰相家奴。这些家奴，过分的，顶着主家的名义，招摇撞骗，欺压良善，僭用主子的车马，横行街市。不过分的，也可以收上门晋谒者的门包，不给，则不给传达，任你有多大的要紧事，也见不到宰相本人。从来大官恶仆招摇，都是都市一祸，地方官多一事不如少一事，很少有人管闲事。只有极少数的直性子之人，才能冒险出头管一管。

像司马光的老仆吕直，学着主人做好人的，还真不多见。显然，这跟这人的秉性有关，但更跟主人有关。司马光无疑是一个清官，不该拿的，一介不取。清廉之名，远播辽邦。文彦博说，他派人入辽做探子，见辽主大宴，戏子演戏，也说司马光之清名。这样的清官，如果放在明清两代，就是海瑞、汤斌那样的穷措大，日子过得苦哈哈的，死了，连口棺材都买不起。但在宋代，司马光却吃有鱼，出有车。官只要做得足够大，还可以修个私家园子，供游人一乐。很明显，宋代体制，优待官员，来自体制的合法供给，就足以让官员过上值得夸耀的好日子。皇帝说，书中自有黄金屋，书中自有颜如玉。读书读好了做官，做了官，哪怕一个小官，便可衣食无忧。有道之辈，为官作宦，清廉自守，可以有物质基础，不会像海瑞、汤斌之流，整日破衣烂衫，失却了士大夫的脸面。

士大夫做好人，下人就有可能跟着，你不爱钱，我也不爱。你有尊严，我也讲究。士大夫的榜样作用，也就出来了。当然，即便士大夫有这个条件不贪，但也未必能做到人人不贪，有宋一朝，多吃多占者不少，贪污腐败者也不缺。高薪养廉，仅仅给有道德之辈提供了清廉的基础，但性贪者，由于缺乏监督，该贪，还是贪。工资低了，贪，工资高了，还是贪。

是谁误的大明？

明朝的覆灭，汉人士大夫很是可惜。刚从一个异族手里解放出来，混了两百多年，结果又沦入另一个异族之手。士大夫的民族自尊心，很是受打击。大家伙转着圈，要追究责任，清初几十年，一直议论纷纷。

一种说法是赖八股。因为明朝八股取士，说是代圣贤立言，其实不过抄袭敷衍，才智之士，一生有用之精神，消磨在无用之八股上，学风大坏，于是导致江山易姓，国家沦亡。清人笔记上说，明亡之后，有人在大明门上贴了一张大红纸，上书：奉送大明江山一座。落款为：八股朋友同具。在那个恨死了满人的明遗民吕留良那里，这个故事变成了一具礼单；上书：谨具大明江山一座，崇祯夫妇两口。奉申贽敬。落款是：晚生八股顿首。

第二种说法，是赖士风。到了明朝，理学一变为心学，越谈越玄，学风空疏。士大夫对于经世致用之学，不加讲究。国有急难，书生百无一用。平时袖手谈心性，临难一死报君王。明末清初，文人笔记，记录了好些迂腐的书生的事迹。李自成的军队打进城了，不知道躲避，反而迎上去跟人家谈大义，人家拿刀放在他的脖子上，他大怒："我以大义教你，你居然要杀我，真是个贼呀！"结果脑袋掉了。张献忠攻打洪县城，城中人尽逃，有一老儒，登城墙，对着黑压压的攻城士兵，厉声大骂："清平世界，朗朗乾坤，尔等率众攻城，不畏王法吗？”言未竟，城下箭齐射上来，把他射成了刺猬。清朝大才子纪晓岚的两位曾伯祖，都是秀才。清兵将至，大家忙于逃难。两位却因为跟一老者争论门神到底是尉迟恭和秦琼还是神荼和郁垒，引经据典，查阅书籍，反复争论，最后没有逃掉，丢了性命。

第三种说法，是赖魏忠贤。明熹宗时代，太监魏忠贤当政，蒙蔽君主，胡作非为。因此，人说明不亡于崇祯，而亡于天启（明熹宗的年号）。当然，还有说赖万历皇帝的。

其实，明朝之亡，如果追究责任的话，第一个要负责的，是开国皇帝朱元璋。八股取士，是他定的。太监当政，也是他开启的。如果不是他废掉了宰相，太监怎么会如此大剌剌地干预朝政？别的朝代，宦官之祸，顶多是皇帝信任宦官，听宦官的话，而只有明朝，宦官可以替皇帝批奏折，掌握“批朱权”，做“立皇帝”。如果不是废相，国家杂事都涌到皇帝这儿来，而皇帝又应付不了，懒得批阅公文，这才让伺候笔墨的司礼监太监，得以钻空子替皇帝当了家。

同时，明朝的痼疾，是宗室的负担和两套兵制。这样两种制度，都是朱元璋定下来的。第一条，凡是朱家子孙，世世代代接受朝廷供养，无须出来做事。结果，朱家人子生孙，孙生子，以超高的繁殖力，养了一堆堆的寄生虫。害得北方数省，单单供养宗室，钱粮都不够。第二条，兵制实行卫所制。各地按防卫之所需，设立卫所，屯田养兵，兵家世袭，自给自足。结果，卫所之兵，都变成了军事农奴，而各级军官，则变成了农奴主。恨死了农奴主的农奴们，即使不逃亡，打仗的时候，也不知道打谁了。所以，卫所在朱元璋死后，基本上就闲置了，百无一用。但祖制不能动，没有用的卫所，还必须保留，为了国家安全，非另起炉灶不可，于是，又另设镇戍之兵，兵源来自招募。害得这个王朝，得为养兵多出不止一倍的钱。一旦边疆有事，这样的负担，就会成倍地激增。

所以，单这两项制度，就让朝廷的经济不堪重负。张居正的改革，只改了赋税的征收办法，但宗室和养兵的负担，却不敢动，也不能动。一条鞭法的征收改革，实际上是将原来不合法的田赋和口赋附加合法化，但附加的数额明确化了而已。随着朝廷的负担越来越重，最后还是得在附加之上，再添附加，官吏从中渔利，横征暴敛，直至民不堪命，激起民变。

后世说明亡之源，说得最多的，其实就是士风。袖手谈心性，空谈误国，被人反复提起。连清朝的皇帝，也赞同这个说法。其实，明人谈心性是谈得挺多，但讲究实学者，也还是有的。明末制造火炮、火药之术，跑车的发明，都是前代所没有的。哪个时代没有几个迂腐的书呆子呢？书呆子再多，再坏事，也坏不过制度。国家制度上有那么大而且明显的缺陷，即使士大夫再努力，皇帝不肯改，最终还是挽回不了危局。

流长飞短环绕的改革者

谁人背后不说人，谁人背后没人说？流长飞短的谣言，任何时候都断不了。消灭谣言，跟建设共产主义一样的难。不过，谣言这东西，也分淡季和旺季，淡季的时候，比较少，就是有，也是家长里短，不足论。旺季则比较多，而且净传大事，个顶个地跟国计民生有关。不用说，谣言的旺季，每每是动荡时期，两派纷争，作为斗争的武器，谣言被派了大用场。

戊戌维新，又叫康梁变法，其实不是只有这两人在搞事，参与的人其实并不少，中坚力量，也未必就是康有为和梁启超师徒二人。但是，由于他们声音大，也招摇，所以，人们关注他们比较多一点。时过境迁，论功摆好，当然这样对康梁比较有利，但在当年，这两人因此遭到的嫉恨也多，有关的谣言更多。

一种谣言是说，光绪皇帝，受了康梁的蛊惑，要信天主教了。这谣，在满人里面传得特别多，有鼻子有眼，说是大胡子传教士都化装成女人混进了宫。还有一种谣言是说，光绪皇帝已经决心剃发易服，西装都由康梁带进宫了，不日就将旧貌换新颜。

这两个谣言的前提是，康梁跟皇帝关系密切，就跟皇帝身边太监一样，成天腻在一起。其实，康有为一辈子只进宫一次，前后跟光绪谈了不到一刻钟。而梁启超更惨，一共也就跟光绪见面一次，他的广东新会话，光绪一个字都没听懂，等于鸡同鸭讲。所以，举人接受皇帝召见，例授内阁中书，可他却没得到。况且，当时的康梁，虽说跟几个新教传教士关系密切，但他们自己也并没有受洗入教，何来蛊惑皇帝的可能呢？这两人当时自己还不知道西装怎么穿，怎么可能带西装进宫？

除了这两个根本不靠谱的谣言之外，还有一个多少有点影儿的，是说变法要兴办西学，各地要拆除道观寺庙，用作办学场所。吓得和尚道士人心惶惶，有的地方，和尚尼姑，把庙里的泥菩萨搬出来，藏到没有人的地方，生怕庙宇被占，菩萨也被打掉。其实，办学这事，大抵是地方士绅弄出来的，根本八字没一撇。传统的理学家，对佛道一向没有好印象，借机侵占庙产，也是有的，不见得都是维新派的事儿。但是，这样的事，很令民众包括那些很迷信的士绅反感。消息传到北京，又让在背后嘁嘁喳喳的顽固派，有了新的武器。

谣都是别有用心之人造出来的，造谣之人，原本的用意，是说给西太后听的。但是西太后在宫里眼线广有，不会信这些。可却吓到了广大不明真相的官绅，尤其是一堆堆能跟太后说上话的满人贵妇。让变法的反对声越来越高，最终，让西太后觉得，这样一个如此违背民意的改革，是不是还有必要搞下去？

变法最后就真的搞不下去了，即使谭嗣同们不去冒险，光绪已经左右为难，寸步难行了。轰隆一声政变，西太后开刀杀人，六君子的头就这样丢到了菜市口。到了这个地步，街面上大家都认为这些人该杀，而且为没有抓到康梁而感到万分遗憾。因为有传说出来了，说是康有为进红丸，想要毒死皇上，谋朝篡位。这谣传得相当广，连山东这一带的小吏，都说得有鼻子有眼，跟真的似的。其实，这红丸本是明朝的事，搬到清朝，类似关公战秦琼，不伦不类。可是，就是有人乐意信。

戊戌维新时，维新派其实是弱势，但弱势的这一群人，代表了历史发展的大势，理直气壮，说什么都在理上。顽固派属于强势，人多势众，但什么也说不出来，硬说也是老套子。况且，甲午惨败，不改弦更张，朝廷眼见得就要完了，所以，朝廷只能听维新派的，变法革新。硬出头阻拦，道理讲不过人家，勇气也不足，于是只好用阴招，流长飞短，造谣生事。有影没影，沾边就来。弄得维新派尤其是康梁二人，浑身上下净是是非。在中国，搞改革难，多半，就难在这里。

等到把变法毁了，好汉们再造新的谣，说义和团刀枪不入，不怕洋鬼子的洋枪洋炮，直到惹出大事，八国联军打上门，还说都是因为朝中有汉奸，肃清汉奸，鬼子不足惧。结果，朝中但凡有点想法都干掉了，八国联军还是破了城。西太后也只好仓皇北顾加西顾，一口气逃到西安，才知道所有围绕变法的流长飞短，都不过鬼扯。

一个卖国条约的签订

晚清每一个不平等条约，都是卖国条约。每个条约的签订，都是被迫的。比较起来，中英中法《北京条约》的签订，是最冤枉的。此前，这两个条约实际上已经在天津签了，只等着中国皇帝最后批准，即告完成。但是，咸丰皇帝对于条约中外国公使驻京的条款，实在无法接受。《天津条约》谈判期间，就曾指示中方使节，哪怕多给洋鬼子点银子，这一条免掉算了。但是，前来谈判的英法使节心很硬，别的好商量，就这一条，死活不能改。《南京条约》签订后的二十年，洋人吃够了不能跟中国最高层打交道的苦，这一回，死活也得把中国拉进到威斯特伐利亚外交体系中来，逼骄傲的满人皇帝，按西方的规矩办事。

结果呢，双方就闹翻了。前来换约的外国使节所带的舰队，在大沽遭遇了清军的伏击，吃了大亏，若不是旁边美国军舰的援助，差点全军覆灭。然后这个仗就打升级了，在大沽打不过英法联军的清朝主战派王爷僧格林沁，以为洋人的优势不过在船坚炮利，放进来在内陆交战，也许战争的结果就会颠过来。结果呢，北塘战败，八里桥惨败。骄横的蒙古骑兵，不仅不敌洋人的枪炮，即使肉搏，也不占上风。僧格林沁败得心服口服，咸丰皇帝也就只好仓皇北顾，跑到热河去了。留下了他不喜欢的异母弟弟恭亲王奕訢，跟洋人周旋。如果洋人生气了，一把枪把奕訢毙了，也就算他倒霉。

战胜的英国人和法国人，当然不会客气。很轻易地就把满是宝贝的圆明园给抢了，然后大概是为了掩盖抢劫的痕迹，干脆一把火把园子给烧了。烧抢的借口，其实是后来才找出来的。被烧了后院的咸丰皇帝，终于学乖了，留在北京的恭亲王就更乖，洋鬼子要的条件，统统答应，还顺便多赔了大把的银子，英国人，还把毗邻香港岛的九龙半岛，也割走了。

中英《北京条约》的签字仪式，在礼部大堂举行。这一点，是中国人的小伎俩。原本洋人打上门来，就是要打破清朝的天下体系，建立外交关系。但签约地点，却偏被中国人定在礼部。天下朝贡体系，跟外国打交道的部门，就是礼部。只是，这样细腻的小心眼，英国人竟然没有觉察。英军总司令兼全权大使额尔金，乘坐中国人提供的十六抬绿呢大轿，大模大样地来到了礼部大堂，在上座端然坐下，然后示意让恭亲王奕訢在下座就座。但是，英国方面熟悉汉人礼节的人，不明白满人的上下其实正好跟汉人相反，所以，额尔金实际上坐的是满人眼里的下座。

不过，在参与签约的英国人眼里，清朝的王公大臣们，个个都很憔悴，衣服也显得肮脏和邋遢。显然这一阵在占领军铁蹄下的生活，过得不容易。恭亲王当时才二十岁出头，长着一副爱新觉罗家传统的长脸，显得阴沉而且胆怯，恨不得签字仪式赶快结束。于是仪式几分钟就结束了，仪式结束时，恭亲王提议是不是共赴宴席以示庆祝。英国人鉴于此前清朝方面的种种欺诈，生怕因吃饭招来什么意外拒绝了。但是，第二天跟法国人签约的时候，法国人不怕中国人下毒，一起品尝了中国美食，这让英国人多少有点后悔。其实，真要想吃满汉全席，问恭亲王要厨子就是。此时的恭亲王，什么都会答应。宫里的御厨，都留在了北京，并没有跟咸丰跑路。此番进军中的英国人翻译，就找到了一个明显是在官宦之家做厨子头的厨师，每次他吩咐什么，厨师就会大声重复一遍，传达给实际不存在的下人们，然后自己把饭菜做好，端上来。

我们称之为第二次鸦片战争的战争，其实不是为了鸦片打的。这一年，是个转折。从此，中国和西方交往，不再经过地方督抚转达，也不再经过礼部。中国中央政府，专门为跟洋人打交道，成立了一个部门，叫作总理各国事务衙门。洋人以为这就是他们说的外交部，但中国人却权当它是个临时的办公室，专门糊弄洋人的。但是，洋人的使节，却从此进驻了北京。尽管使节和使节的夫人，都嫌北京脏，但进来之后，再也没有走过。此后，中国人依旧跟洋人玩着小心眼，进宫见皇帝，从侧门进，进宫之后，走边上的小路。不断暗示，中国还是中心，西方的夷人，还在边缘。可惜，来中国的老外，始终弄不懂这些暗示。在这个过程中，中国倒真的成了西方世界的边缘分子。

末代王朝的戏里春秋

皇帝也是人，自己找乐子，其实也无不可。但是，光顾着找乐子，大事不办，恐怕不行。稍不留神，手下的武人就会造反，那时候，不仅乐子没了，连脑袋都没了。

李亚子的“戏弄”

五代后唐皇帝李存勖，小名亚子。后世知道李亚子的人多，本名李存勖反倒不显。李亚子本是后唐的开国君主，但是，他执意要接承大唐事业，所以后世只称庄宗。李亚子的老子李克用，是后梁朱温的死对头。原本两家对阵，后梁都占了上风，但李克用一死，李亚子出山，一上手就打得梁军大败，于是朱温叹曰：生子当如李亚子！

这一叹，虽是抄曹操的旧稿，多少有点长辈的矜持，但曹家的天下，没有被孙仲谋颠覆，朱家的天下，却真的被这个小辈李亚子给掀翻了。沙陀人好武，是本分，但李亚子除了弓马娴熟武艺高强之外，还风流倜傥，通音律，善歌舞，会度曲。这种文武双全的文艺范儿，是唐朝贵族的遗风，不稀罕。但是，五代时戏剧已经开始成形，原来的参军戏，已经发展成有情节的“戏弄”，李亚子最好的，就是这一口。当日唐明皇李隆基跟梨园界厮混，还只是打鼓，到了李亚子这里，皇帝亲自粉墨登场，下场演戏了。还给自己起了一个艺名：李天下。

李亚子一心想接续大唐的事业，武功尚可，灭梁，平蜀，都战无不胜。但是，文治功夫却一点没有。除了走马放箭，就是登台演戏。跟武人有交情，跟戏子优伶更有交情。马上得天下，是夺江山的惯例，但不以马上治之，也是治天下，维持统治的惯例。君主下马之后，不能走向戏台，而要走向学校，建立文官体系，提倡文治精神。文官的功用，不是歌功颂德，也不是记账造册，而是建设一种文治精神，建构礼制和法制体系，搭建出一种礼法秩序。没有这个秩序，天下全靠武人手里的刀枪维持，就是土匪世界，唯“力”是从。你能抢来，他就能抢去，没有价值，没有道德，天下就乱了。当年唐明皇虽说梨园下场打鼓，但人家文治办得不错，科举取士甚众，朝堂之上，文人宰相，当家做主，武将但有半个不字，就别想混了。可是，戏子皇帝“李天下”的天下，武人跋扈，艺人也跋扈。

天下是武人流血打下来的，跋扈一点，武人自我感觉理所当然，但是艺人跋扈，缠在皇帝身边，腻腻呼呼，玩弄权柄，甚至为官为宦，武人们就有点吃味了。一个故事传得很广，说是李亚子在演戏的时候，连呼：“李天下，李天下！”一个丑角上去就给了皇帝一个耳光。所有人都傻了，只听那个丑角说：“天下只有一个，连叫两个天下，怎么可以？”李亚子听完，笑了。打皇帝耳光，连功劳最大的武人都别想，一个优伶做到了，能不让人生气？但是，另外一个故事，人们知道的却不多。李亚子喜欢走马围猎，一大群人呼啸来呼啸去，即使庄稼地，地里有庄稼，他也不管。一次正在兴头上，一个县令出来劝阻，李亚子要杀人，结果还是这个丑角出来，讲了一通天子面子要紧，百姓死活没关系的歪理，把个皇帝说得转怒为喜，放了县令。

艺人不讲政治，他们无非演戏给人看。皇帝不做看客，粉墨登场，跟艺人成了同事，关系密切，理所当然。武人同袍，有战斗友情，但武人何如艺人有趣？喜欢演戏的李亚子，身边多点艺人，喜欢跟艺人厮混，人情而已。自古以来，但凡专制的权力，权力核心周边的人，都会沾濡权力，握有核心权力的人，无论贤与不贤，都难免这种沾濡。皇帝身边的艺人，可以祸人，也可以福人。可以坏事，也可以成事。只是，这种状况，让文人见了觉得不成体统，让武人见了，觉得受到了冷落。

五代是个军阀时代，文人没有地位，看着皇帝粉墨登场，嘻嘻哈哈，连个劝谏的人都没有，没有敢的。但武人感到受到冷落，就比较麻烦。欧阳修做《新五代史》，将李亚子的败亡，说成是成于忧患，死于安乐。掉进了传统史家以个人品质论成败的老调子。其实，不下功夫建设文治，依旧以马上治天下，才是李亚子的真问题。有了文治，即使像唐明皇那样下梨园打鼓，又有谁能把他怎么样？

皇帝也是人，自己找乐子，其实也无不可。但是，光顾着找乐子，大事不办，恐怕不行。稍不留神，手下的武人就会造反，那时候，不仅乐子没了，连脑袋都没了。

宫里的剧本审查

都说清朝编《四库全书》，是一大文化盛事。但是，这种盛事也有暧昧的一面，那就是编的时候要审查。如果哪本书有问题，政治上不正确，根本就别想混进去，一把火就给烧了，连个篇目都不留。有一些书问题稍微少的，篇目可以留下，但内容没了。余下的，也得改，凡是有关碍文字，一律改掉。所以，到了民国，好些文化人说，四库书成，图书亡。至少，有些书，还真的因此而亡了。

清朝是个在乎文字正确的王朝，编书先审核，是皇帝的意思。皇帝用心良苦，不仅自己眼前清净，也让天下人读好书，自己出面，请人先把一道关。有哪个敢不领情，胆敢继续炮制政治不正确的文字，还有文字狱伺候，出来一个，拿一个，看看到底是咱的刀硬，还是你们的脖子硬。那年月没有媒体，满世界只有一个京报，无非是官方奏折和皇帝御批的汇集，看都不用看，绝对政治正确。如果有了媒体，肯定也要事先审查。这一点，是必须的。晚清市面上的艺人，进宫演戏，脚本都得事先审查。

过去的人，跟今人一样，都需要娱乐。今人娱乐的形式多，广播电视，还有网络。但那时候比较简单，就是听戏看戏。上至天子，下至乞丐，对于这种精神食粮，都很在意。有的时候，饭可以不吃，但戏绝对是不能落下的。清朝的皇帝,原来看戏,是宫里的班子来演。太监们演戏，水平再高，也高不到哪儿去。好在那时多半演的是昆曲，细嗓子的太监们，演起来还比较对路，也就凑合了。但是，晚清情况有变。1860年祺祥政变之后，朝廷的当家人换了女流。东太后和西太后，她们一来识字无多，对那么雅的昆曲，听不明白。二来，西太后这个女流对戏剧的鉴赏能力一流，宫里太监演的玩意儿，她看不上眼。所以，规矩只好改了，请外面的戏班子的名角进宫伺候，要演，就演花部的高腔。所谓的京剧，就是这样兴盛起来的。只保留了一点昆曲，作为开场戏应个景，以示维护了帝王看戏的传统。

当然，市面上演的戏，真正政治上不正确的，其实也没有。按今天的眼光，如果有问题的话，无非就是对帝王有时不大尊重，老是讥讽他们宠信西宫，纵容小舅子老丈人胡作非为。但这样的不尊重，其实用心是好的，是想皇帝做得更好。所以，喜欢戏的西太后，对这些还真不怎么在乎。她在乎的，是一些字眼。比如说，她的老公咸丰皇帝名叫奕詝。这个老公，虽然没有给她正宫的名分，但她成为太后，实际上君临天下，就是因为跟了他。所以，进宫演戏，戏词里凡是跟“詝”同音的字，就都不能唱或者念了。最常见的，“且住”二字，就必须改成“且慢”。谁要是不改，上戏的时候不小心溜达出来关碍字眼，那么别的不讲，一顿板子是少不了的。直到今天，我们听京剧，还是满场的且慢，且住这个词儿，居然找不到了。那时节经常上演的戏里,《连环套》中，有句念白，叫作“兵发热河”，说的是官府要出兵打窦尔敦所在的山寨了。但是，热河这地名有点犯忌，1860年，咸丰皇帝挟西太后逃跑，就是去的热河行宫。你这边再兵发热河，让西太后老佛爷听了，情何以堪。于是，这词儿只能改，改成“兵发关外”。让窦尔敦的山寨，再往外挪一挪。庚子之后，西太后再一次西狩，先跑到太原，再跑到西安。回来之后听戏，估计戏词里如果再有兵发太原和西安字样，也得改。

一般来说，每次有宫里没听过的新戏，脚本都得经过内务府审核，审核通过，誊写出来，装订成册，放在太后和皇帝听戏时的桌子上，他们看戏的时候，可以随时翻阅。如果发现有艺人唱念之中有差池，就现场问罪。好在，那时的西太后，政治觉悟不是很高。由于京剧来自民间，京剧的唱词中，其实有好些关碍文字，触犯满人忌讳的。比如杨家将和岳飞的戏，里面就有不少番邦、番将之类的说法，如果放在《四库全书》编纂的时候，这样的文字肯定都是要被枪毙的，但西太后却满不在乎。她最在乎的，就是一句“兵发热河”，改了，也就算了。

西太后本质上，还是一个没有文化的粗人，身边又没有文人指点，也没有专门的文化机构出面，所以，宫里的剧本审查，就这样浮皮潦草虚应故事了。

太后做编剧

清朝是满人的王朝，满人的前身，是女真。女真人属于曾经牛过的游猎人，灭过北宋，入主中原，建立了金朝，虽说没有一统天下，但南边的小朝廷，得尊人家为叔叔。

只是，到了明朝后期，辽东的建州女真崛起之时，对于他们的祖先，却只有零星的记忆，就这只鳞片爪的记忆，还来自汉人的记录。尽管努尔哈赤建国，号称后金，但对于他们祖先，其实早就没有什么印象了。金朝曾经创立的女真大小字，完全失传，努尔哈赤再创满文，居然是从蒙文借鉴过来的。

再后来，满人的国号，改成清，也入主了中原。对金朝荣光，就更无所谓了。入关的旗人，最喜欢的戏剧小说，有两种，一种是三国故事，一种是说岳故事，连带着，杨家将的故事，也很受欢迎。上司不许他们混到汉人堆里听戏，他们就自己编子弟书，自己说唱，内容都是汉人打胡人的。

八旗兵丁如此，他们的主子万岁爷也是这样。满人皇帝里，最喜欢听戏的，是乾隆。乾隆年间，主管戏乐的升平署，曾经花大力气，专门为皇帝编排了一部大戏《昭代萧韶》，一共二百四十场。比今天多数的电视连续剧还要长，照样翻拍出来，估计可以上吉尼斯世界纪录。这个《昭代萧韶》，其实就是以杨家将故事作为蓝本，扩展开来的，将有关的戏剧、鼓词、小说甚至传说，都一股脑儿装了进去。当然，主基调无非是杨家将外抗辽兵和金兵，内斗奸臣汉奸的可歌可泣的事迹。其中，充满了对蛮夷和胡人的轻蔑。

喜欢这样大戏的乾隆爷，显然已经忘却了自己其实也是番邦蛮夷出身，自信满满地做了周文王之后（传说周文王是东夷之人，满人对此很坚持）。所以放心大胆地欣赏故事里的汉人，如何抵抗他们的祖宗。同一个乾隆，在张罗编《四库全书》的时候，要求把坚持华夷之辨的著作削删干净，但对于民间的通俗作品，却心胸宽广，不仅不搞文字审查，而且刻意欣赏。这样的两面性，真让人猜不透。

乾隆时代的《昭代萧韶》，是昆曲。到了西太后当家之时，这个女人没上过学，看不懂过于文雅的昆曲，因此改宗花部的皮黄，因此有了今天的京剧。又嫌宫里的太监唱不好，请来外面的戏班子名角给她唱。时间一长，外面流行的戏目，都唱过了。其中一些杨家将抗辽的戏目，比如雁门关、四郎探母什么的，也是西太后最喜欢的。但喜欢归喜欢，唱多了，还是想换个花样。《昭代萧韶》这样超大的大戏，原本就是宫里的特供，市面上哪里有人敢唱？唱也唱不起。所以，外面的名角，都不会。都不会唱的戏，只要太后想听，也得编排。好在，脚本是现成的，故事框架都在，只需将之改成皮黄也就行了。

当年进宫演戏，有位旦角陈德霖有文化，而且懂戏，所以，这个活儿，就由他来负责做。当然，这个活儿，也相当麻烦，不仅要改词儿，而且角色也得改，改过的词儿，还要按皮黄的规矩，安上腔，便于咏唱。改戏最大的麻烦，是西太后自己要跟着掺和。她不仅参与改词，还编了好些新词，俨然成为编剧之一。当然，太后改和编的词儿，不管通与不通，一个字都不能改。文辞不通，也就罢了，但这样的词经常不合辙，不押韵，没法儿安腔演唱。你还必须得让它们能唱出来，唱出来还不能显得别扭。这事，可难为了陈德霖，每次碰到太后的词，就卡壳。后来，谭鑫培知道了，就跟陈德霖说，干吗那么死心眼，管它什么词儿，唱出来好听不就结了。于是，他们就大着胆子，不按字的原音安腔。试了几次，见西太后老佛爷没有反应，于是就这样做下去了。词儿固然还是那个词儿，但音的平仄甚至腔调都变了，西太后根本就听不出来。一部《昭代萧韶》就这样问世了。一度，陈德霖在西太后面前，大红大紫，只要有好事，就肯定会想着他。

这样的超大的大戏，尽管凑出来，西太后还是编剧之一，但也演不了几次。仅仅是为了让老佛爷过把瘾，也当一回乾隆爷。瘾过完了，宫里日常演的，还是市面上常演的戏。幸好，西太后有与民同乐的心，没有深度开展京剧改革运动，编剧的热情，搞八个样板戏，到此为止。否则，可够演员们忙活的了。

假戏当真的故事

演戏的人，不能不投入，不投入戏就演不好。但是看戏的人，却不能太投入，太投入了，就容易产生错觉，把戏当真。按道理说，过去的老戏，都是象征主义的，唱念做打，一通折腾，加上都是戏装，跟现实中的人差距很大，一般来说，不容易产生错乱——错把戏中人跟演员混起来。倒是国外传进来的话剧，当初叫文明戏，实景，实情，比较容易让看戏的出现错乱。

但是，这样的事，在晚清的宫廷里，居然就是发生过。西太后弄过一次，不过，不是她太投入把戏里戏外弄混了，而是这女人刻意想借题发挥，惩戒一下在军机处当家的恭亲王奕訢，借打演奸臣的演员，杀鸡儆猴。但是，她的亲儿子同治皇帝载淳，却真的闹了一次把现实和戏剧弄混的笑话。

那个时候，进宫伺候太后和皇帝演戏的，有个净角名叫李永泉，外号溜子。此人功夫极棒，文武昆乱不挡，演什么像什么。即使红遍天的谭鑫培，也要让他三分。梨园行里，无人不知李溜子。有一次，李溜子进宫，给同治皇帝演曹操戏，不知为何，太后不在，只给皇帝一个人演。李溜子安心要露一手，非常卖力，宫里管事的，都看呆了，觉得没这么好过。

可是,演完之后,皇帝传旨,看打四十。当时宫里对太监行刑,都是用竹竿,所以，惩罚演戏的，也用竹竿。这玩意儿，如果真打的话，也是挺疼的，打多了，一样遍体鳞伤。但是，当时同治还是个孩子，没人太把他的话当真，打得不重。四十竿子打完，李溜子没有趴在地上起不来，还能爬起来，走到皇帝面前谢恩。当时，皇帝一传要打，在场的人都丈二和尚摸不着头脑，不知道李溜子何以招祸。李溜子爬到皇帝面前谢恩，皇帝还口中念念有词 :“我让你奸！看你还奸不奸了？”管事的大太监这才明白，李溜子为何挨的打。于是问了一句 :“皇上为何事打他？”同治皇帝说 :“因为他太奸。”管事的说 :“皇上打错了。他这是演戏，奸的是曹操，演什么像什么，是演戏的本分。”同治一听，也是。说了句 :“那朕错怪他了？既然错了，赏他吧。”管事的说 :“赏多少啊？”同治说 :“让他自己说。”李溜子胆子大，说 :“一竿子十两吧。”同治也就答应了，四百两银子。就这样，李溜子一下子弄了四百两银子，买房子置地，还买了两队骆驼。经此一番折腾，对唱戏心有余悸，后来也就不怎么唱了。这个故事，传来传去，有演绎的成分，但同治的错乱，真的发生过。只是赏金可能没那么多，李溜子也未必敢要这么多。同治皇帝载淳，生于深宫，长于妇人之手，没见过事，有此错乱，并不奇怪。错乱，只是不谙世事的他太投入的一种反应而已。

假戏当真的事，后来也有。据说电影演员陈强，当初演《白毛女》中的恶霸黄世仁,就差点被当兵的开枪打死。那一阵儿,如果演的是话剧,反面角色现场挨臭鸡蛋，好像都是现成的。反右的时候，还有的剧团实在凑不齐右派名额，就把演反面角色的人顶了杠，说你既然演反派这样的像，估计也不是什么好东西。

戏里戏外错乱，对看戏人来说，原本就是一种移情，一时的糊涂。这样的事儿，古代有，今天也还会有。客观地说，这是对演员的嘉奖，因为演得好，才有这样的效果。直到今天，人人都知道屏幕上演的，都不是真的，但是有些演员演一些比较邪恶的角色，电影也好，电视剧也罢，都会出现招人恨的效果。当然，这样的恨，无害。也许还是一种特别的境界，入戏了。但是，如果出现错乱的人手里有权，这个权能福人祸人，那可就麻烦了。手里有枪的，当场致人死命，手里有权的，打人四十竿子。如果没有管事的提醒，李溜子的打也许就白挨了，如果因此而丧命，也是没辙。

最大的堂会

有钱有势的人家，为了一个什么特定的事，比如老太爷过生日，宴请一个特别的客人，邀请一个戏班或者若干好角儿，到家里或者某个会馆，搞一场或者若干场的包场，叫作堂会。

堂会的费用，比一般性的商业演出高得多。受邀的演员，一般得拿加倍的出场费。家里没戏台的，还得加上场地费。一般来讲，凡是办堂会，还得管吃管玩，一场堂会办下来，所费不赀。无论清朝还是民国，非王公贵胄、达官贵人摆不起这个谱。

因为钱花得多，堂会的戏，一般质量都比较高。如果主办者势力大，钱多，召集的名角也多，特别是余叔岩这样平日不肯露面的好角，商演不出头，堂会大多是会去的。所以，看堂会，每每代表着一种特权。跟主家没有关系，很难跻身其中。所以一般戏迷，都会挖空心思往里挤，找门子托人，把自己带进去。不过，喜欢票戏的阔爷，也可以借堂会登一下台，并指定哪个名角跟他一起唱。不过，要另出一份银子。这样的戏，好不好看，就很难说了。

晚清王公之中，肃亲王善耆是个最爱办堂会的人，不过，他比较喜欢掺和进去唱，所以，他的堂会并不那么知名。真正知名的堂会，是重臣那桐的,那家花园里的戏台,是戏迷们魂牵梦绕之地。闹义和团的时候,前门一带的戏园子,都让义和团给烧了。事平之后,演戏都转向了会馆。会馆,办堂会也多了。朝廷办新政,钱多了,所以,堂会也跟着兴盛。

当然,最大的堂会,是进宫给皇帝太后演戏。有的时候,观众就是皇帝太后两个,再加上一些嫔妃、宫女和太监。只有太后特别开恩,才放一些王公和大臣进来。听这样的堂会,配听的人,虽说是一种荣耀,但浑身不自在,因为太后和皇帝在,没人敢乱说乱动,连叫个好都不行。

进宫唱堂会,没有出场费。只有几个特别红的角儿,挂名供奉,每月有几两银子一石米的收入。能不能发财,关键看能不能讨得太后和皇上的欢心,有没有赏钱。尽管经常打赏,进宫的演员基本上不能指望这赏钱发财,最初的时候,还会赔。但是尽管如此,那时的艺人,还是争先恐后地往宫里挤。请先进宫的名角儿推荐,或者走管事的太监的门路。可是,那时的太后和皇帝,都是内行,本事差的,一般没人敢往宫里带。

进宫演过,就等于鱼跃龙门,身价百倍,出来好搭班子,演出的邀约也多,挣的包银就多。王公大臣们,都跟着太后皇帝走,宫里的喜好,就是风向标,偏到哪儿,他们就跟到哪儿。皇帝太后,尤其是太后欣赏的艺人,想不红都难。但是,进宫演戏,也得付出点代价,连名字都得合太后的意。谭鑫培艺名叫天,但在宫里,却只能叫金福,这是太后将错就错定下的名字。太后喜欢,谭鑫培就成了金福。

进入民国之后,依旧待在紫禁城的小皇帝,偶尔也会唱个堂会,但是钱不多了,也不能像旧时那样摆谱,不给钱光打赏。宫外的民国总统,如果要唱堂会,都是有特别的原因,要酬劳下面的人,或者招待外国来宾。平时没事,把艺人叫进府来,专门给他们自己消遣,这样的好日子是没了。袁世凯的二儿子袁克文也是个戏迷,但只能巴着别人家的堂会混。但财政部、交通部和中国交通银行里的人,但凡有点实权的官员,都有资格办堂会。至于下面的军阀，就更不消说了。最爱办堂会的是张勋，只要他进了北京，几乎是夜夜笙歌。张罗清帝复辟，前一夜还在江西会馆唱堂会。因为半道要去办大事，故而将他最喜欢的梅兰芳的戏，从大轴挪到了前面，听完梅兰芳，立即带领一干文武官员进宫宣布复辟。完了事，连蟒袍官服都没有换，就进后台跟刚卸妆的演员们聊天。这个辫子军的辫帅，在艺人群里，人缘极好。复辟失败后，躲进荷兰使馆，还有艺人冒险进去看他。解禁之后，住在天津租界，想唱堂会，众艺人没有不来捧场的。北洋首领段祺瑞办堂会可以有请不来的人，但他张勋绝对没有这样的事儿。至于像杜月笙、张啸林这样的帮会巨头，办个堂会，可以把全国的名角全邀来，动辄几十上百，号为盛事。但国民党当家之后，政府搬到了南京，政府中人办堂会的，就少多了。北京的堂会，远远赶不上上海和天津了。

当然，堂会不会消失，有钱的和有权有势的，总得有个机会在一起碰碰。唱堂会那个感觉，也是平时看戏所没法比的。艺人，也要有这样的大爷来捧，来撑腰。艺人和艺人的本事，是天然的权钱黏合剂，色与艺,什么时候都分不开,什么时候都缺不了。过去堂会的文化可能消失了，但新的堂会文化，还会被产生出来。走马灯式的权贵，走马灯式的明星。唱堂会的地方，过去多为会馆，现在则是会所，帮忙找演员的人，过去叫提调，现在叫经纪人。其实，都差不多。

不许唱戏的日子

记得侯宝林说过一个相声《改行》，说的是皇帝太后死了，不许唱戏，逼得梨园行的人不得不改行做小买卖，笑话百出。其实，这个事儿是真的。清朝的规矩，皇帝死了，“国服”三年，即百姓得穿素三年。太后和皇后死，素服一年，而不管皇帝太后，死后百日之内则必须“遏密八音”，所谓的“八音”，指金、石、丝、竹、匏、土、革、木，即这八种东西做的乐器，都不能演奏。停止一切娱乐，根本不许唱戏，严格起来，所有带响的动静，都不能出来，连小贩上街吆喝，也被禁止。百日过后，叫作“半开国服”，演戏可以了，但各种打击乐器都不能使，凡是碰到有打击乐的地方，由演员用嘴来念。各种戏装行头就不能用了，所有的演员，上场一律素服。不管演什么戏，什么角色，服装都一个样，眼神不好的，连男女都分不出来。

半开国服之后，台上凑合演，台下凑合看，演的还能有口饭吃。那年月没有别的娱乐形式，憋了一百天，好容易半开禁了，观众们也就不挑了，将就有那么回事，都知足。但是那开初的一百天，日子可真的难过。听戏的有麻烦，只能忍着，如果犯了禁，就是罪过，最严重的，可以杀头。即使到了晚清，禁令不那么严了，士大夫和官员犯禁，一样会有大麻烦，为此丢了乌纱帽的，还真的有。至于吃开口饭的演员，麻烦可就更大了。因为犯禁唱戏，演的人比看的人罪过大，弄得不好，吃饭的家伙都没了，最轻，也没法再吃这口饭了，所以，多数人不敢犯禁。但演员吃的就是这口饭，一百天不动家伙，有的人，吃饭就会成问题。那个年月，演员是下九流，但偏偏是招人喜欢的下九流，人前人后，光彩照人。为了不让人看不起，争这口气，所以，他们的花费都不小，没多少人有积蓄。三个多月不唱戏，坐吃山空，必须想辙儿。好多演员，真的只好去摆摊或者窜街做小买卖，卖什么的都有。

不仅所谓“国丧”期间不许唱戏，平时赶上死去皇帝、太后和皇后的忌日，也不许唱。谁要是犯规，一样会受到处罚。一个朝代，越到后来，死的皇帝太后什么的越多，人们记不胜记，但只要犯规，多半跑不掉。

其实，一个国家的皇帝太后什么的，跟官员们也许有点关系，食君之禄嘛。但跟平头百姓有个屁的干系？老百姓不吃皇粮，还供给皇帝开销，养着皇帝太后。你们死了，让百姓也为你们服丧，停止娱乐，真的没道理。其实，在农村，这样的禁令，也执行不了，当官的自己乐意服丧，就孝敬一下好了，碰上老百姓娱乐了，也只好睁眼闭眼，假装没看见。但在北京城不一样，那时的北京城，像警察一样的机构，有三个，一个是步兵统领衙门，一个是顺天知府衙门，还有一个由御史们管的五城公所。三个机构都有一堆的衙役，还有更多的帮役和白役。这些人干别的不行，但欺负个唱戏的，一个顶俩。有事没事，到处找碴儿。而且，衙门里，从上到下，对这种国丧犯禁的问题，特别重视，因为涉及政治正确。有的官员，因为百天国丧过后，半开期间，听了一出戏，依旧会被御史举报。御史哪儿来的消息，还不是衙役们通报的。

当然，那年月这样的禁令，还真就没有敢公然反抗的。换句话说，上至官员，下至百姓，都认这个账。认为给皇帝太后服丧，理所当然。

没办法，自打班固弄了《白虎通义》之后，三纲五常的道德，逐渐成为统治者的意识形态。为了贯彻这个意识形态，他们专门制定了有关法律，而且严格执行。大张旗鼓，拼命宣传。时间一久，人们也就习惯了。1908年，光绪和西太后死了，这个时候，北京城已经有了电灯电话，人们生活，多少有点洋气了，但是，那一次的国丧，依旧被贯彻得很好。真的就有不少的京剧艺人，上街做小买卖。侯宝林的相声，说的其实就是那一档子的事。以他的岁数，此事他亲身经历过，难怪说得活灵活现。还好，那是中国人最后一次为皇帝服丧，此后，无论是隆裕太后，还是小皇帝溥仪，就都没有这个福分了。

官场就是这么回事儿

清官，是官场的招牌，也是皇帝给民众的迷魂药碗，只要不到最后关头，是不会轻易砸了的。

告缗风波

跟游牧人对峙，是大陆的农耕民族的宿命。论实力，当然游牧人不如农耕民族，但是，要讲打，就不一定了。游牧人居无定所，逐水草而居，机动性奇高，加上食肉与食草的差别，体力和灵活性都比农耕人略胜一筹。只要有了合适的武器，论打仗，游牧人有天然的优势。蒋百里先生曰，凡是生活用具和战争用具一致的民族，在战争中就有优势，这个结论，就是从游牧人那儿得来的。

所以，农耕人对付游牧人，基本上只能靠人力和物力上的优势，被动地防御，才能勉强获得对峙的平衡。在先秦，农耕人武器上的优势比较明显，一旦这个优势减弱，就只好修长城了。长城之外，还有各种城墙、寨墙，用以抵御机动灵活的游牧人入侵。

西汉年间，匈奴人和汉人的对峙，汉人在武器上还多少有点优势，但在马匹方面，却要差不少。基本上只能靠修长城，建边塞据点，加强边郡的兵力，再配合一点外交手段，防御匈奴。好在，即使匈奴最强盛的冒顿单于时代，他们也没有这个野心，大规模入侵中原，取汉而代之。匈奴的入侵，多半发生在草原有灾害之际，他们不得不靠抢掠农耕地区来维持生计。

因此，汉初历经高祖、吕后、文帝和景帝四代，一直对匈奴采取守势，虽说经常遭到侵扰，但毕竟是局部性的问题，整个国家都得到了休养生息，轮到汉武帝刘彻上台，汉朝已经府库充盈，人口大增，实力相当强盛了，百姓的日子，过得也相当不错。

强盛了的汉朝，对匈奴采取一点攻势，倒也无不可。但是，农耕人机动性差，若要主动出击，规模小了会被人吃掉，规模大了，动一次，声势浩大。兵马未动粮草先行，光后勤供应，就耗费巨大，十万骑兵行动，后面运粮草的马匹，绝对要超过十万。这样的行动，能不能抓住敌人，还真不好说。主动出击，打击西域匈奴的帮手，化敌为友，缩小匈奴的活动范围，是可行的策略，满世界追击匈奴主力，实际上是下下策。但是，汉武帝命好，牛角尖硬让他钻通了，主动出击找敌人，生生抓住过几次匈奴的主力，极大地削弱了匈奴的战争实力。

但是，卫青、霍去病绝大漠，封狼居胥的壮举，却让汉朝百姓付出了巨大的代价。百姓生命损失惨重，府库为之一空。四代人攒的家底，让刘彻一下子就给糟蹋光了。

老百姓命没了，不算大事，但府库空了，皇帝很头痛。中国的官僚，从来不乏搜刮有术之辈。主意很快就有了，有三大法宝，第一，铁盐官营；第二，榷酒酤；第三，收算缗钱。

汉武帝之前，铁盐包括铸钱，都可以私营。民间可以煮盐、打铁买卖农具甚至兵器，当然如果得到官府特许，还可以开采铜矿，开炉铸钱。现在，这些个挣大钱的事业，都被官家包了。盐质次价高，反正你也得买，不买没盐吃。至于铁器，也是如此，反正你得用，想用就只有官家一个渠道，买回来的家伙不好使，只好将就。这样一来，国家资本主义告成，钱都直接给刮到官家的府库去了。

酒业原本也是打算国家经营的，但酒这东西，不像盐铁，百姓缺了不行，如果官营酒业造的酒，质量太差，会没有人买的，没法强迫消费。所以，只能放给民间经营，但是，国家强征酒租，这就是酒榷。这一项，又是一宗收入。

原本，国家对于商业活动，是征税的。但是，这样的税，无论怎样提高，此时都不能让皇帝满意了。于是开征算缗钱。所谓的缗，就是串钱的丝制绳子，一串一千，二十缗一算，也就是二十千，两万。算缗，是针对不动产的，多少房子，多少马匹，多少车辆征一算，政府规定好，让百姓自己去缴纳。

当然，百姓不傻，谁会主动缴纳呢？但官府有招儿。它规定如果谁不缴纳，或者少报少交，其他人可以向官府告发，告了以后，官府就可以把这家的全部财产没收，分给告发者一半。当时执掌刑律的廷尉是杜周，著名的酷吏，他派人下郡县，专办算缗之事。于是告缗者遍天下，中产之家，没有漏网的。告人的，得来的不义之财，转眼也被人告。一时间，单告缗一项，朝廷得民财数以亿计，没入的奴婢以千万数，田产大县数百顷，小县百顷。告缗，即告发人们匿财不报，一时间成了比铁盐官营还要生财的罗掘之道。

然而，百姓就是那些百姓，财产就是那些财产，罗掘一空，以后也就没了。所以，这样的财政措施，只能是竭泽而渔。水干，开始有大量的鱼，而后，鱼也就没了。于民争利，抢夺民财，利也就没了。所以，武帝末期之后，汉朝进入了好长一段的衰落期，直到汉宣帝时，改弦易辙，才稍稍恢复元气。

债官与债帅

卖官鬻爵，自古就有。有卖就有买，但有买卖，就有借贷。买官的钱一时不凑手，或者根本拿不出，就得借钱。所以，自古就有专门从事这方面借贷的商家。借钱放贷给买官人，都是高利息。买官人买到官之后，只要缺位还好，一般都能还上高利贷，而且还有剩余。当然，这样做也有风险，一旦此人被参了，或者半道翘了，本钱也就打水漂了。而且这样的借贷，不好名正言顺地追讨，一旦借贷人赖账，也有本利全无的可能。不用说，买官就是生意，做官将本求利，没有不贪的道理。如果是借钱买的官，到任之后，背了一屁股的债，捞钱的心情就更为急切，地皮刮得更狠。这样的官，人称债官。债官到任，人见人怕。

除了债官，还有债帅。所谓的债帅，就是负债买军头做的人。文官可以出掌地方，有地皮可刮，收益好，市场一向看好。武官虽无地皮可刮（有些朝代例外），但做官的好处也是有的。最不济，也可以喝兵血，克扣军饷，吃空额。有的时候，还可以凭借军事特权做买卖，获利也不小。一般来说，只要上面管得不严，武官捞钱的机会也一样不少。宋代是一个怕人反叛不怕人贪腐的朝代，从宋太祖赵匡胤起，不仅对文官网开一面，对武将的贪腐也多有纵容。用贪腐换效忠，在赵氏家族看来，是一个合算的买卖。

杯酒释兵权之后，被释掉了兵权的将军们，在皇帝的鼓励下，大肆做买卖，聚敛捞钱。石守信放弃兵权之后，“专务聚敛，积财钜万”。兵权尚在的边将，即使抢男霸女，掠人钱财，皇帝也睁眼闭眼，甚至亲自出面，为之开脱。军队经商，更是没有人管。所以，武官捞钱，就算被人举报，也不是一个涉及政治正确的问题，大多轻描淡写，大事化小，小事化了。

这样一来，宋代军队就成了一个能生钱的机器。军人打仗不行，但做买卖还真行。商人做买卖，贩运沿途要交税，但军队贩运，说是军用物资，谁敢说个不字？不仅不用交税，运送所有费用，都可以由国家负担。聪明的商人，很快就看出了门道，搭着军队做，对半分利。大的军头，开买卖，开酒坊，只要经营者找对了人，由于拥有运输方面的特权，干活无须雇人，直接使役士兵，成本较低，也没有不盈利的道理。另一项可以生利的买卖，是私役兵士。自己做买卖，用士兵干活不说，还把士兵租给有权势的高官，无论修建园林，还是起大宅子，动辄上百上千。小一点的军头，除了参与到长官的生意中，分一点余沥汤水之外，还有一项好生意，就是可以做工头，获得买家的额外赏钱。对于找士兵干活的买家来说，雇士兵干活，显然要比雇工人要合适得多。只消付给将军一份钱，同时给监工的小军头点赏钱就可以了。

这样有利可图的事业，当然人们会趋之若鹜。比起其他朝代，军官只能靠喝兵血克扣一点银子来，宋代的军官们，可谓天之骄子。尽管时代重文轻武，武官的社会地位不高，但钱却一点不比文官少。武官能获利，自然就有买卖。更何况，任何朝代的武科举，都是样子，做官升职，不靠考试，也未必靠军功。武职的卖官之门，从来都是敞开的。帅可以买，买来的帅，下属的军官若要升职，自然也得买，一层一层地买卖，直至所有的军职都成了买卖的货品。如果偶尔冒出来一两个不贪钱的，所有军头都看你不自在，不知不觉，就成了众矢之的。

后来的命运怎样，不问可知。

不过，军人是用来打仗的，这样由大小债帅组成的军队，当然打不了仗。按一般规律，战争是一个自然的竞争淘汰的过程，或者是王朝因为军队不行，被人灭掉，或者是军队自然淘汰，优胜劣汰。但是，宋代所处的环境很奇特，北边的游牧民族，无论契丹还是党项，均无中原之志。无论宋朝的军队怎么不中用，打一仗败一仗，都不用担心王朝被人灭了。王朝可以用金钱收买的方式，缓解边疆的危机。只要定期把金帛送上，北边的人也就消停了。而王朝花大钱养兵，真正的忧虑，却是军人的反叛。越是贪腐的军头，皇帝就越是放心。北宋众多败军之将，罕有被杀头的，顶多罢官，罢官之后，不久又会官复原职。直到北宋被金人灭了，才算讲究一点军人的战斗力。南宋小朝廷刚刚坐稳，跟金人达成屈辱的和平协定，就马上动手削武将的兵权。对于不贪的岳飞，朝廷不放心，非置之死地不可。但对像张俊、田师中这样的又贪又庸的将领，朝廷却喜欢得不行。执掌前线兵权达二十余年，恩宠不衰。田师中退休之后，还要求拿全额薪俸，朝廷居然也答应。只要军队对内还有用，朝廷宁可使用贪腐的债帅，而不要清廉的将领。因为后者得军心，能打仗，一旦反叛，后果不堪设想。所以，风波之狱发生，一点都不奇怪，即使没有秦桧，也会有张桧、李桧。没有张桧、李桧，岳飞的同僚也会将之害死。

世间有债帅，就没有岳飞。

清官是一块官场的招牌

自古以来，官儿是被人讨厌甚至痛恨的，但清官例外。人们对官员的痛恨度，几乎跟对清官的喜爱度一样，有的时候，甚至后者还超过前者。小说戏剧，清官为主角的公案题材是一大类，包公案、狄公案、海公案、施公案，演了又演，说了又说，几百年，演不够，说不完。尤其是包公，简直被说成了神。上管天，下管地，晚上睡觉，还负责清理阴曹地府的冤屈。直到今天，包公的故事，被拍成电视，依旧走俏。讨厌甚至痛恨官员的人们，其实离不开官儿的管，孔夫子三日无君，惶惶然如丧家之犬，国人一朝没了官儿，真不知道怎样生活。所以，最大的渴望，是自己的头上，出现一个清官，青天大老爷，凡事都给做主。如果实在碰不到，一般来说，是自认倒霉，忍。实在忍不了，有人揭竿而起，就跟着造反，头一件事，就是杀官戗官。多少年来，多少个朝代，这种载舟覆舟的周期反复，没完没了。

做皇帝的，从理论上讲，应该喜欢清官。所谓清官，清正廉洁，公正执法，维护的是皇家的天下，做皇帝的，怎么能不高兴呢？但是，但凡清官，都有一个毛病，直性子，喜欢直谏，给皇帝提意见，直通通地来。清朝的皇帝，费了好大的劲儿，挥舞文字狱的大棒，才算培养出来几个不怎么提意见的清官，比如于成龙和施纶（就是施公案的主角）。但是明朝皇帝，还没这么聪明，所以，明朝的海瑞，就很是刺头。敢抬上棺材上书，直不楞登地数落皇帝的不是。居然对嘉靖皇帝说："嘉靖嘉靖，家家皆净。"都说中国人好面子，其实皇帝是当之无愧的冠军。对于这样不讲情面的清官，皇帝没法高兴得起来。所以，实际上，皇帝真正喜欢的，不是清官。连唐太宗这样的，能忍魏征的直谏，也是不得已。绝大多数皇帝，围着转的，都是马屁精。而马屁精，几乎无一例外都是贪官。

至于官场，不用说，也是排斥清官的。水至清则无鱼，官儿清了，就没有朋友了。虽然口号喊得响，每个人死前写墓志铭，都喜欢说自己清廉。但千里做官，为的财。这个道理，几千年颠扑不破。北宋的宋祁，生活极尽奢华，哥哥劝他："还记不记得当年读书时吃齑菜（姜蒜末）喝粥的日子？"宋祁说："寄语相公，那时我们吃齑菜喝粥，是为了什么？"宋祁说的是实话，自古以来，如果做官过的是寒苦的日子，有几个人能甘之若饴呢？因此，官场上真的出了清官，同僚第一个反应，肯定以为这是个伪君子，第二个反应，是群起而攻之，挤兑得他清不下去。

其实，皇帝也好，官员也罢，大家心里都明镜似的。嘴上说得好听，民为邦本，但天下毕竟是要靠官员来撑着，而官员的荣华富贵，也要靠皇帝的赐予。两下无非互相利用，心照不宣，一个施恩，一个领受。但是，表面文章总得做，而且大作特作，没有了道德的讲究，王朝一个脚也立不住。一个朝代，总得有几个清官做典型，树立起来给老百姓看，让他们多少有点盼头。所以，真要出了清官，只要名声在外，而且他自己也真的肯刻薄自己，还真就不能轻易给毁了。

明朝的海瑞，是一个实心眼的清官。真格的除了官俸之外，一个钱都不要。明朝实行的是低俸制，七品县令，每年不过四十两银子，如果真的就靠这点银子过日子，那一家大小，就过得跟贫民似的。海瑞做浙江淳安县令的时候，还真的就过的贫民的日子，平时连个荤腥都不见，粗茶淡饭，给老母亲过生日，才能买上两斤肉。

按官场的规矩，这样的县令，其实是没法做的。不打点上司，不应付过往官员，在官场怎么混呢？亲民之官，直接负责征收钱粮，不孝敬上司，上司可怎么发财呢？但是，不幸的是，海瑞这样的形象，很早就传了出去，人家自己都过的跟叫花子似的，上司和同僚，又怎么好按常理来待他。所以，大家就只好当他是个怪物，淳安是个特区，有什么事，一律绕行。当年浙江总督胡宗宪的公子出来招摇，到处打秋风，路过淳安，被海瑞给绑了，把敲来的银钱给没收，以冒充官亲的名义，将胡公子送到胡宗宪那里，胡宗宪也只能吃哑巴亏。都察院左副都御史鄢懋卿，以高级监察官的身份，奉皇命到两浙督查盐政。所到之处，地方官马屁拍得无比舒服。但还没到淳安，就给海瑞挡了驾，鄢大人也就真的不敢来了。

在别人，这样的事儿做上半个，都能掉脑袋，海瑞做了两个，却安然无恙。两件事名声传出去，别的高官，避之唯恐不及，再也不会惹他了。然后就轮到他惹嘉靖皇帝了，即使惹了，无非进了监狱，也没丢脑袋。

清官，是官场的招牌，也是皇帝给民众的迷魂药碗，只要不到最后关头，是不会轻易砸了的。

官本位下的冗官现象

世界上什么最大？官最大。别笑，这是一个中国语境下的真理。自秦汉以来，依靠官僚治国，成为国家基本的制度，官本位的形成，已经无可避免。汉宣帝所谓，与两千石（官僚）共天下，实际上是两千多年中国历史的常识。虽然说，从贵族本位到官本位，转型过程耗去了差不多上千年，但只要官僚帝制的结构不变，官本位的社会价值的形成和确立，是大势所趋。秦汉之后，无论分还是合，王朝大还是小，都是官僚制。官僚是皇帝的手和脚，治理国家，非得靠他们不行。所以，如何选择最佳人选，成了制度的关键。选官制度，也就成了核心制度。依靠谁，就得收买谁，让谁最尊，最贵，最有钱。选官走到科举制，是多次试错的结果。人们终于找到了一个相对公平公正的程序，选拔人人称慕的官员。科举制一旦确立，官本位从此就成为强固的社会价值和社会现实，牢不可破。任何社会职业，在官僚面前，都变得一钱不值。

就官僚制本身而言，科举制有三个作用，第一，是确立官员在社会上的独尊地位，不管你什么人，想要混好了，非走仕途不可。没有官帽子，或者曾经戴过官帽子，在社会上就没有地位。第二，基本打破官僚世袭，无论哪个，不经过科举的门槛，就难以得到官场和社会的认可。第三，通过大体公平而且严格的入口把关，限制涌入官僚队伍的人数。

尽管如此，官门还是时常会被挤破。冗官现象，即官员队伍的膨胀，无论在哪个朝代，都是个大问题。宋代冗官现象最严重，科举不严，取人过多，本质上还是往里挤的人过多，守门的抗不住了。皇帝心就软，多少年考不上的，到了一定岁数，一定会让你过。过了就要做官，官多了，财政供养成问题，就只好开放市场经济。所以，宋代的市场经济特别发达，工艺品之精，在古代社会为最。海外贸易规模庞大，也为最。但任是再发达的市场，也抵不住官场的消耗。越来越膨胀的官僚队伍，效能却逐年降低。所以，最后宋朝的灭亡，至少有一半，是亡在了冗官上。

没有哪一代的统治者，可以挡住涌进官场的人潮。明清的统治者，采取一个看似比较合理的方式，应付冗官问题。无论批发多少官帽子，但官缺，即实际编制不动，从中央到地方，每个衙门里的官员编制大体固定。比如清朝，一个县，从王朝初期到末年，大体就是一个县令，一个典史，再加一个训导，一个位置也不增加。有的县，连典史都没有。任你吏部卖官，官帽子大批发。买了官的人，若要做官，必须得排队候补。想要插队，得另外掏钱。官帽子和官缺分离，官帽子再多，也不会出现十羊九牧，一个事务众多官在管的现象。官员只要不到任，不落到官缺里，就无须财政供养，国家的负担也就不会加重。等于官场内，设了一道堤防。这样的官场空手道，之所以可以玩起来，关键在于官本位价值浸润日久，即使是空头官帽子，也一样可以带来荣耀、地位和某些特权。很多人买官，仅仅是为了面子上好看，或者丧礼上风光些。在后者，甚至连一般百姓，甚至海外华侨身上都好使。所以清朝好些官爵，是空头的，连补缺的资格都没有，吏部批发，仅仅是为了满足人们的虚荣，在墓碑上刻上一个官衔。

只要做官是最稳定，收入最丰，而且最荣耀的职业，人们就必定会拼命往里挤。如果做官还有可能捞到额外的好处，人们挤的力度就更大。一个社会，官最大，这样两种状况，都是必然的。所以，官员队伍的膨胀，是不可避免的。清代虽然设置有内堤，但到了末年，有实际权力的官员队伍还是扩张了，以各种委员的名义膨胀起来。使得朝廷的编制，不再好使。其实，即使正式官缺不膨胀，官场的扩张也未必就不存在。因为官之外，还有吏。朝廷对书吏编制的限制就比较松，一个县，六房书吏有的时候可以达到上百人。至于书吏之外的衙役，膨胀速度就更快，在清朝中期，就已经小县数百，大县数千了。除了正经书吏和衙役之外，还有大批的临时工。挤进官场的人，无一例外，都在吃权把子。

官场膨胀之际，也是官权扩张之时。官权膨胀，凭借权把子弄钱的机会就多。所以，尽管明清两代实行的是官员低俸制，但由于借权弄钱的灰色地带比较广阔，所以，人们还是拼命往官员队伍里挤。挤不进官里，就往吏里挤，再不行，就做衙役、临时工。一些具有特别才能的人，则可以学做师爷，做幕僚（一种非正式的官场人员）。这些格外膨胀出来的官场中人，都不需要国家财政负担，但最后的负担都会转嫁到老百姓头上，日甚一日地戕害着政权的合法性。

事实上，只要官场的权力比较大，而且无从限制，那么，灰色场域就只会扩张，不能缩小。从古至今，很多人进入官场，很少有人是在意官俸的，他们要的，就是攫取灰色收入的机会。据国家公务员局的数据，2008 年的公务员人数 659.7 万人，2009 年为 678.9 万人，2010 年为 689.4 万人，2011 年为 702.1 万人，2012 年则达到 708.9 万。连续四年，在编制严控情况下编制性膨胀。显然，这里统计的，还是有正式编制的人员，如果加上各单位庞大的临时工，这个数字恐怕更为惊人。比起 1950 年代初，一个县供给制的正式干部不过几十人的情况，已经恍若天壤。现在一个县，仅正县级的官员，就有几十个。

现在社会上对官员的评价很低，官员出了事，一片叫骂声，恨不得寝皮食肉。但大学生的就业首选，却是做公务员。削尖脑袋，挤破门，也往里挤。公务员热，不仅仅是大学生的事，而是社会上的热。跟古代一样，没有多少人进官场，是为了做清官的。人们向往的，其实就是那个诱人的灰色场域。因此，官场越是拥挤，吏治状况就越难以恭维。

改革三十多年，中国从计划经济走向了市场经济，但这个市场，却是跟官场搅合在一起的市场。经济的发展，最大的获益者，就是官场和官场中人。权把子经济，在中国经济总量迅速扩张的同时，得到了最大的张扬。在这样的情况下，官本位价值和现实，不仅没像人们想象的那样，随着市场经济的发展逐渐淡化，反而因此而膨胀。不是中央政府不想遏制机构的膨胀，更不是他们没有意识到冗官的危害。但仅凭中央编制办，根本无法遏制汹涌而来的公务员热潮。挤的人太多，守关的人注定是守不住的。就算守住了正式工，临时工无论如何守不住。社会上权把子经济发达了，实体经济就必然要受损，官员凭借审批或者管理的权力，肆无忌惮地侵入市场，压抑社会，制造一个又一个社会事端，使得官民矛盾日益激化。本该管好管住的事情，比如污染，比如市场秩序，又放任不管，使得民怨越来越大。随着经济的发展，这样的趋势越来越明显。

小政府大社会的口号，我们喊了将近三十年，但眼见得政府却越来越大，扩张无序，社会却始终发育缓慢，被压抑得喘息几难。因为我们没有制度的门槛，来遏制官场的膨胀，官权的扩张。无论我们的经济规模到了何种地步，一个官大社会小的国家，都是一个畸形的国家，像一个头大身子小的人，个子越高，就越是吓人。

21 世纪的中国，官本位的价值和现实却依然强固，这无论如何，都是一种不正常的状态。权力的手脚伸得越长，市场和社会的手脚就越萎缩。这是一个已经被证实，而且正在中国上演的真理。在一个网络时代，自媒体时代，民智已开，众声喧哗。此时的官本位，无论多么强固，都只能是高度扭曲的。人们一方面想往官场里挤，一方面又对官场恨之入骨。两种高度冲突的观念，在同一个人，同一群人身上同时存在，虽未必会导致精神分裂，但肯定是一种病。久病不医，社会的溃败，指日可期。

自古以来，冗官是病，但却只是病的表象。头痛医头，脚痛医脚，暂时的消肿，也许是可以做到的，但如果不治本，膨胀臃肿，还是会以更加凶猛的形式卷土重来。直至全身浮肿，动弹不得。

轿子这个东西

轿子这个东西，是国人的发明。在万恶的旧社会，轿子满地皆是。富贵人乘轿，穷人抬轿。小户人家，女孩儿一辈受苦，但出嫁之时，怎么穷，也得坐一回轿子。没有轿子掺和一下，这个婚就结不成。轿子，比今天的结婚证，还要重要。至于官人出门，无论清浊，都得坐轿子。清初著名的清官汤斌，穷到掉渣，但也无非是轿子上的衬布破一点而已。无轿不成官，在明清两代，绝对是宇宙真理。

孔子的时代，贵人出行，还只能靠车。打仗有兵车，出行有安车。有牛拉的车，也有马拉的车。汉高祖刘邦做了皇帝，找不到四匹同样颜色的马拉车，反过来说，此前的贵人，拉车的马，都是同色的，漂亮，气派。当然，孔夫子这样不合时宜的唠叨鬼，周游列国，也只好坐牛车。颠簸几千里，真难为他老人家了。到了三国两晋，好像还是没有轿子，官人出行，多半骑马。像阮咸这样的浪荡子，非要骑驴，而且拐个女孩子一块儿骑，当然也是可以的。南北朝的时候，有了轿子，那时，人们管这玩意儿叫担子或者肩舆。后一种叫法很贴切——扛在肩膀上的舆，也就是车。轿子一发明，就风靡天下，开始是贵妇人喜欢——比起骑马，它保险，而且舒适。马有尥蹶子的时候，人似乎不会。南北朝是个民族大融合的时期，虽然乱点，但好些玩意儿都出来了，比如胡床，比如马镫，还有轿子。

到了唐朝，轿子就更多了。我们都看到过一幅画，阎立本的《唐太宗步辇图》其实画的就是唐太宗坐轿子。只是为了突出领袖的风范，把个爷们画得太大，抬轿的小女子则过于弱小，像是若干小女子，抬了一头肥猪，实在不大像话。但是，唐朝对官员坐轿，却有许多限制，这个不许，那个不许，只能在生病的时候，偶尔享受一下。不过，官场惯例，禁止什么，什么就已经弄得泛滥得不像话。皇帝可以有步辇，臣子焉能不坐肩舆？到了五代，轿子就泛滥了，规模也弄得越来越大。人们发现，轿子越大，抬的人越多，坐着也就越是舒服。那年月，没有柏油路，乘车颠，骑马也颠，但坐轿子，只要抬的人受过训练，可以一点都不颠。当年秦始皇巡游天下，如果不是乘车而是坐轿，估计还能多活若干日子。不会半道死掉，密不发丧，尸体臭得不行，弄车鲍鱼混着走。轿子这样舒适，但是，还是有人不肯坐轿。司马光做地方官，到哪儿都是骑马，没有什么仪仗，也不带什么从人。人家说："你这样干，百姓就认不出你来了。"司马光说："我让他们认出来干吗？"王安石罢相致仕，在金陵安居。出门就是一头毛驴，骑在上面，由一个老军牵着，随它走到哪儿。人问他为何不坐轿？他说："那种把人当畜生的事儿，我可不干。"

个把不乐意把人当畜生使唤的官员，挡不住轿子的浩浩荡荡发展前行。到了明清两代，轿子已经成为人们的主要出行工具了。无论男女老少，只要有钱，就有轿子坐。轿夫也成为相当稳定而且有技术的一个行当，进门不拜师傅，吃不了这碗饭。这些被当畜生使唤的人，有的时候，也不见得真的低人一等。给官员抬轿子的轿夫，在街面上吃得很开，街上的铺面和摊位，主人个个都得买轿夫的账，一屁股坐下，白吃白喝。如其不然，抬着官人走在街上，横过去一脚就把你摊子给踹了，说你挡道。

狐假虎威，谁惹得起？

一直到清末民初，西式的四轮马车来了，轮船来了，火车也来了。轿子却依旧猖獗。但凡有点身份的人，出门首选，还是轿子。好些人的轿子，十分讲究，在里面吃喝拉撒都可以，连带着可以抽大烟，伺候抽烟的女人，都可以装了进去。连留学东洋学军事的老爷，回国都做了将军，行军打仗，开始骑马，照上几张精神的照片之后，纷纷弃马坐轿。一队大兵，后面跟个轿子，是常见的行军场景。只是真开战了，或者队伍被伏击了，轿夫们每每弃轿而逃，把个将军丢在轿子里，让给了敌人。如果将军把小老婆和烟枪都带着，那就只能做俘虏。

轿子的发展，也有两大弊端，第一是让中国的车进步不大，从西周到民国，还是两个轮子，没有轴承，没有减震装置。第二是让中国的道路修得不好。贵人都坐轿了，车好与不好，路好与不好，关系不大，所以，中国的车几千年都是老样子，中国的路，就老是土路，坑坑洼洼的。这样的事，得到汽车引进中国，贵人们纷纷坐上汽车，才会有所改善。

谥号这点事儿

古人都比较在乎死后那点事。一方面是死后的待遇，墓地，棺椁，陪葬品，当然，最关键的是安葬的规格，能高点就高点，实在不行，买个官位或者爵位，也要风光一下。在马来西亚，看到好多华人墓地，墓碑上都写着死者的官衔和爵位，都是在清末花大钱买的，最常见的是云骑尉。其实，墓主一辈子可能就是个买菜的。都流亡海外做化外之民了，这点虚荣心还是泯灭不了。光这项收入，于朝廷就不无小补。另一方面，是死后的荣誉，属于精神层面的。这荣誉，主要不是死者的口碑，而是来自官方和权威人士的认可。找个牛人给写个墓志铭，尽可能写得灿烂一点，稿费从优。只要子孙有钱，有地位，这样的事不难，只要死者不是罪大恶极，一般牛人（有点名的文人）都乐意操刀，单靠这个，好些文人墨客，就活得挺滋润。但是，如果死者是个高官，他和他子孙最在意的，就未必是墓志铭了，而是谥号。

大人物都有谥号，皇帝的谥号，一般都不错，得了丑谥的，都是亡国之君，而且是亡国之君中格外不堪的，比如像南齐的东昏侯萧宝卷，隋炀帝杨广什么的，得个昏字、炀字。改朝换代了，没人给他做主。即便如此，其他的亡国之君，人们还是能开恩尽量开恩，再次，也是个献字，恭字，愍字，哀字。为尊者讳，是史家的使命，谥号这玩意儿，原本是史笔，寓褒贬的，但弄着弄着，大家就不好意思了，不好意思难为死者，于是，能糊弄，就糊弄，尽量面子上过得去。

皇帝有谥号，臣子也得有。过去皇帝的谥号，名义上是后来的皇帝给的，但也都是专门的人草拟出来，选几个名目，由皇帝定夺。臣子的谥号，当然名义上也是皇帝给的，给予的过程，也大体差不多，由专人草拟，然后皇帝挑一个。清帝退位之后，小皇帝待着没事，有一件事倒是挺忙，就是给遗老遗少赏谥号，但凡遗老遗少翘了，都得到紫禁城讨一个谥号，张勋的谥号是忠武，王国维的谥号是忠慤。庆亲王奕劻死后，也要讨一个谥号。他的家人还走了小皇帝溥仪爹爹的门路，但是清亡之际，满人圈子里对庆亲王印象特差，公认是他推荐袁世凯，坏了朝廷。所以，小皇帝死活不肯给谥号，说是要给，就给个丑，给个缪。后来，皇帝的爹载沣，哄骗儿子，说是“密”字也不好，给个密字吧。结果溥仪答应了，事后一查，发现这个字也是不错的，可是已经晚了。

除了皇帝给的谥号，民间也有私谥，有些名人，有民间的私谥，但总的来说，民间的私谥，远没有皇帝给的风光。比如先秦柳下惠的“惠”字，东汉陈寔的“文范”，都属于私谥。

许敬宗是初唐的重臣，当初李世民做秦王时，就是门下的学士。在秦王幕僚中，文笔算是最出色的一位。此人为官一辈子，最后位极人臣，说起来呢，也没干什么特别大的坏事。也就是在修国史的时候，给说过他父亲坏话的封德彝写得坏了点，再就是在武则天冒头的时候，阿附了一下这个女强人。死的时候，做着宰相，太子少师，扬州大都督，封爵高阳公。唐高宗李治，为之废朝三日。但赏谥号的时候，负责的博士说，该给缪字，连个备选的都没有。原因是两个，一个是他贪恋钱财，把女儿嫁给了蛮酋之子。另一个比较恶心一点，说他原配死后，迷上了原配的侍女，偷情上手之后发现，原来这小女子跟自己的大儿子也有一腿。一怒之下，把侍女开掉，奏请皇帝，将已经做官的大儿子以不孝的罪名，发配岭南。其实，他那公子窃香在先，他是后来者，儿子并没跟他抢，是他抢了儿子的情人。糟就糟在家丑不可外扬，悄悄把事平了，也就罢了，还非要奏请皇帝将儿子治罪，一折腾，大家都知道了。

给个缪字，当然许敬宗的家人不干，如此器重许敬宗的唐高宗，尤其是高宗后面的武则天更不干。有人出来拍马屁，说这样不行。博士们争辩说，怎么不行？当年西晋之时，司空何曾仅仅是奢侈了一点，日食万钱，死后人家就要给他谥缪丑公，许敬宗比何曾差多了，仅仅给个缪字而已，很般配。争来争去，争得维护许敬宗的人没话说，但没话说，这谥号也不能这么给。最后，给了一个恭敬的恭字。谥法，既过能改曰恭，敬事供上曰恭，尊贤贵义曰恭。许敬宗，还是得到了一个比较好的谥号。皇帝、皇后和许家人的面子，都过得去了。

墓葬呢，无论葬得多么风光，都架不住后世盗墓贼。而谥号，无论怎么给，都抵不过人们的口碑，后世论说，该怎的，还是怎的。争这些玩意儿，都是扯淡，要紧的，还是做点好事，身后名，关键要靠这个。

文化两层皮

读《礼记》，真是没法耐住性子。咬牙读完，除了一些大道理还值得看看，剩下的一个个繁复礼仪的解答，真让人崩溃。那时候的人，除了昏省晨定之外，从早到晚，居然有那么多的礼仪讲究，如果都记全的话，估计什么事都别做了，天天拜来拜去。后来才明白，礼是贵族之事，在孔子的时代，所谓诗礼之家，就是要有这么多的讲究，吃喝拉撒如此，庙堂祭祀如此，婚丧嫁娶如此，出去郊游，投壶骑射也是如此。一般老百姓，根本没法这样，想学，也学不来，人家也不让你学，礼不下庶人嘛。

庶人有庶人的文化，因为这些人也吃喝拉撒，也祭奠死者，也应酬往来，也婚丧嫁娶。但是庶人玩的跟贵族不是一个套路，也玩不了一个套路。上面的下不来，下面的倒有可能上去。老百姓哥哥妹妹的歌谣，经过采风，就进入了庙堂之上。贵族们正式场合的诗礼应答，使用这些哥哥妹妹，卿卿我我，可味道却不是这么回事了。唯有私下里偷情，才能想起这些情歌浪曲的原意来。

上面和下面，文化两层皮，多少年都隔着。到了宋代，才稍微好一点。礼，经过士大夫在乡村建构宗族，庶民百姓，也知道了。从此往后，虽说主持礼仪，还是士大夫的事，但民众也随班行礼了。城市的发达，市民的繁盛，杂剧和说唱艺术出现，讲故事的需要，市场的拉动，让底层文人加入了编故事的行列。这样一来，以往只在史籍里才有的历史故事，稀里哗啦就进入了艺人的皮囊，经过艺人之口，说出来就那么引人入胜。这个过程，其实在唐朝就已经开始，只是到宋朝，才繁荣起来。五代时，武夫们还不习惯这样的说唱，听人说韩信，心里不是滋味——你当着我说韩信，当着韩信必定说我。可是到了宋代，开封的武人们一日不去瓦舍听曲听书，就一日魂不守舍。

尽管如此，文化还是两层皮。上层文化下移，无非一点忠孝仁义的大道理。人不可能总是听黄段子，淫词浪曲，只要听历史故事，里面帝王将相的事，就免不了忠孝仁义。说书的，把谁立为正统，谁就是正面人物，好则一切善，坏则所有恶。即使小儿，闻刘皇叔胜则喜，闻败则出涕。

苏东坡喜读杜牧的《阿房宫赋》，有时候一夜诵读数遍，赞不绝口。宋人规矩，官府里的大官人例有军校伺候。苏学士读得兴奋，熬夜时间长，到后半夜了，还不肯睡，翻来覆去读《阿房宫赋》，读得两位在旁伺候的老军，哈气连天，困得不行，却又不敢去歇息。私下里嘀咕抱怨，一个说："苏相公读的什么东西，一点都不好听，还读个没完。"一个说："其实也有两句好的——天下人敢怒不敢言。"尽管宋代学校办了很多，但下层的百姓，还是读不懂文言文，如果苏学士读的是宋代的平话，错斩崔宁，那么这两个老军肯定会精神抖擞了，熬上一整晚无问题。

上层史官文化进入下层，让民间的说唱有了历史故事，民间文化也接受了上层的价值。但是，下层的东西，并没有因此而戴上笼头，该野跑，还是野地里疯跑。子不语的怪力乱神，依旧在下层肆虐，一个个的野神问世，再一个个地死掉。巫婆神汉，装神弄鬼，淫祀淫祠，遍于国中，即便上层提倡理学，也无可奈何。忠孝仁义，老百姓是接受了，因为孝道对他们的生活有好处。但是，下层的民间说唱里，凡是皇帝，都不是什么好东西，不是偏心小老婆，就是放纵老丈人小舅子胡闹。奸臣为恶，多半是皇帝的亲戚。凡属忘恩负义，贪恋女色的缺德事，多半都有皇帝的份儿。好些民间戏剧，里面的皇帝经常被他们的臣子追打，非得狼狈万分地答应很多条件之后，才能被放过。对于老百姓来说，皇帝固然该供着，但却没有什么好皇帝。要说造反，没什么人敢，但嘲弄一下皇帝解解气，也是应有之义。

到了明清时节，士大夫听昆曲，老百姓听高腔，老百姓的玩意儿，都是艺人口传心授，内容乱七八糟。今天我们听到的京剧，已经经过文人修饰，但依旧充斥着野性，充斥着跟忠君爱国打架的货色。想想它的前身，会是怎么样呢？

皇权的不确定性——官场机会主义之源

机会主义这个概念，原本出于法语 opportunisme，原意为妥协和应付，后指政坛中那些没有定见，没有操守，随机应变的政客行为。在时髦的制度主义经济学里，机会主义泛指为追求利益最大化，不讲规矩的投机行为。后来，在中国这个词被高度政治化，用来进行党内斗争。我今天讲的，是原初意义上的机会主义。自古以来，中国官场机会主义盛行。虽然汉武帝罢黜百家，独尊儒术，但无论儒家怎样强调士大夫道德操守，都未能遏制墙头草式的机会主义。草随风摆，而风就是那个凌驾于官场之上的皇帝。

虽说，自秦汉以来，中国一直都是官僚化的帝制结构。皇帝要凭借官僚这个中介才能统治国家，皇帝的家天下，实际上并不完整，或多或少，是要跟官僚士大夫共天下的。但这样的结构，官僚机器，只是帝制的车轮，在多数情况下，帝制的权力谱系，说了算的是皇帝。皇权的意志，决定着官僚制的品质，也决定着官僚制的细节。

守规矩、遵法制、走程序的理性官僚制，是现代国家的一个重要组成部分。近代的西方世界，在完成自身的理性官僚制建设之时，曾经吸取了中国古代官僚制的一些因素，比如科举考试的形式。这一直是令我们某些学者沾沾自喜的。但是，中国古代那么漫长的官僚制历史，却没有完成自身的理性化建设。客观地说，我们只为他国的官僚现代化，提供了一个片段。考试取官，从形式上看，的确是理性官僚制的一个重要因素。但当初隋唐建制，其动机却跟官僚制如何没有什么关系。无非是鉴于前朝教训，防止贵族垄断官职，进而削弱贵族，强化君权。显然，自魏晋南北朝以来，朝廷官员再贵族化的过程，已经极大地架空了君权。这样一个贵族无视君权，君权只能靠武力硬撑的格局，无法支撑一个大一统帝国，更无法满足君权之上的心理需求。除此以外，顺便，还有一个“天下英雄尽入我彀中”的小算盘。晚清最后一个探花，科举制度的研究者商衍鎏说：“世之言科举者，谓其使草野寒畯，登进有路，不假凭藉，可致公卿。然究其旨，实欲举天下之贤智才能，咸纳于其彀中，舍是难以自见。”[1] 无疑是有道理的。

当然，科举选官的制度，的确也加强了中国官僚制的理性化程度，但只是万里长征走完了第一步，然后就再也不走了。随着这个制度越来越严密，程序越来越刻板。通过考试选拔出来的人才，也愈发精英化，或者说儒家士大夫化。虽说从隋唐到清，历朝科举规范不一，程序也不尽相同，但滥竽充数者却并不多见。别的制度，到一定程度就锈蚀荒废了，但唯独科举制度，一直到清末 1905 年废科举，最后一科的考试，依然一本正经。取中的进士，依然为人看重，三鼎甲，还是三鼎甲。

但是，科举制度的严整，却没有让官僚行为程式化和规法化。即使科甲正途出身的官员，行为差距之大，也有天壤之别。清廉和贪腐的差别有如天壤，清官可以像海瑞、于成龙那样，自己的官服除外，家人破衣烂衫，吃顿肉掂量再三。而贪官可以像严嵩、和珅那样，富可敌国，日食万钱，犹云无下箸处。抄家之后，皇帝都可以吃饱了（和珅跌倒，

[1] 商衍鎏：《清代科举考试述录》，第 2 页。北京，三联书店，1958。

嘉庆吃饱)。官员个人行为差距也大，喜欢唱戏的，辖境内到处都是戏台，换一个道学家，所有戏台都能给你拆了。开明一点的，境内商业发达，换一个脑筋顽固的，刻意兴农抑商，则商人就倒了霉。

当然，官员的行为模式，往往是以皇帝的喜好为风向标的。所谓楚王好细腰，后宫多饿死。其实不仅仅是后宫，绝大多数的官员，都跟着皇帝的喜好走。唐代李商隐是以写爱情诗闻名的，但他的爱情诗，其实每每以男女之情喻君臣之遇。臣子就是哀怨的女人，而男人则是那个可以福之祸之的君王。夫唱妇随，是应理应份的。中国历史的第一个皇帝秦始皇，跟他的丞相，也就是官僚机构的首脑李斯之间，有过一个小故事："始皇帝幸梁山宫，从山上见丞相车骑众，弗善也。中人或告丞相，丞相后损车骑。始皇怒曰：'此中人泄吾语。'案问莫服。当是时，诏捕时在旁者，皆杀之。"[1] 李斯随从车马过盛，很是招摇，皇帝看了不高兴。随行的宦官就把这事告诉了李斯，李斯于是轻车简从，低调起来。秦始皇马上知道身边有人泄密，又审不出来，于是把当时在身边的人都杀了。官员要看皇帝的喜好行事，而皇帝却偏偏不想让官员知道自己的喜好，刻意让他们去揣摩，猜测，进而迎合，由此测量官员们的效忠程度。

一般来说，皇帝喜欢什么，一个朝代就兴什么。汉初皇帝喜欢黄老，臣子们就清静无为。东汉皇帝喜欢儒生，则臣子们多为经学家。唐初皇帝喜人上书言事，则多诤谏之徒。到晚唐，皇帝喜欢佛教了，则多礼佛之士。清代嘉庆之后，皇帝提倡节俭，带头穿补丁衣服，则满朝文武都打了补丁，有的补丁，比衣服本身还贵。

皇帝行为的不确定性，势必导致官员行为无法程序化、规范化。而且，皇帝行为的不确定，往往是由统治术决定的，属于皇帝的刻意为之。首先，官员需要知道皇帝喜好，但皇帝绝对不允许官员们了解和掌握他的

---

[1]《史记》(一)，第257页。北京，中华书局，1959。

喜好。虽然后来人未必有秦始皇那样狠，但也会禁止身边人泄露他的意向。这就是为什么一向为人看不起的阉人，始终会成为王朝政治中不可或缺的成分。明朝宦官之祸甚烈，皇帝并不都是明武宗、明熹宗那样的昏君，但宦官的权势，却一代比一代高涨。明人笔记记载，有一老太监说："张先生入朝（指张珙），我辈还要打拱。后至夏先生言，我们只是平言看看。今严先生嵩，与我们拱拱手。"[1] 朝臣每况愈下，而太监水涨船高。很多时候，不见得宦官都会把持朝政，即使他们不把持朝政，甚至像清末李莲英那样，对朝政一言不发。但只要他是皇帝或者太后的红人，官员们都会巴结他。在清末，不仅李莲英，甚至比李莲英档次低的太监，都是朝中大臣交结的对象。其目的很简单，官员就是通过他们了解朝中的信息，太后和皇帝的动向，以便在议政的时候，总是提出令皇帝和太后满意的意见。每个朝代，都差不多。

按道理，君臣意见相左，经过讨论，是有利于决策的。好的皇帝，应该广泛征求意见，博采众长，才能做出好的决策。但这样的好皇帝，实在是太少了。多数的皇帝，就是喜欢官员迎合自己，拦都拦不住。既然如此，那就痛快地把自己的意见公诸于众不就结了？不行，就是要让臣子们去猜，去揣摩。让他们去争宠，固宠，相互竞争，撕咬，自己方便控制、操控他们。皇帝的行为，属于最高机密，天威深不可测。这样的神秘感，即使没有，也要制造出来。每个王朝面目不同，但多数王朝都外儒内法，崇尚权术，甚至迷信权术。这几乎成为中国式帝制的一种标志性符号，谁当家，都不会改变。

其次，这样的帝制也会有一些特别的制度安排，刻意强化皇帝行为的不确定性。比如明清两朝，都实行低俸制。如果按法定的官员工资，官员和家人只能半饥半饱地过日子。但是，绝大多数官员，都可以通过

---

[1] 陈登原：《国史旧闻》第三分册，第 278 页。北京，中华书局，1980。

政务，上下其手，谈不上是贪污，就获得大量的灰色收入。如果说，白色收入属于合法的，黑色属于不合法的，而灰色则介于两者之间。也就是说，明清两朝的官员，白色收入部分非常小，而灰色收入部分非常大。尽管雍正实行了耗羡归公，另发养廉银，扩大了白色收入的份额，但总的说来，灰色收入部分，还是相当的大。事实上，官员如果让家人活得体面一点，比较好地完成政务，非沾灰色收入不可。有了灰色收入，即使官员不贪，多半会因此而发家致富，做一任地方官，做一辈子的富家郎。对于这些，皇帝一清二楚，但就是不肯加以改变。确定性地增加官员白色收入，让他们从白色收入中，就可以得到一个富足体面的生活。这样做，实际上就是把所有的官员（除了极少数几个冬烘之外），都置于违法犯罪的状态。只要他想整谁，就可以整谁，怎么整对方都没话说。不挨整，就是皇恩浩荡，挨整，就是罪有应得。把皇帝操控官员的空间，加到最大。

官员的权力来源是皇权，权力的合法性依据，也是皇权。所以，皇帝要怎么样，官员只能跟着。迎合得好，从中获利就大。升官发财，荣华富贵。只有在皇帝特别昏聩，明显违反常识，违反人情道理，造成重大灾祸之时，官员才可能凭借儒家伦理，对皇帝提出批评，违抗皇帝的意志。而这样的批评诤谏，即使遭致皇帝的打击报复，也会青史留名。有些对名声有特别爱好的官员，有可能做出这样的选择。而在多数情况下，皇帝的行为，都处于道德的灰色地带，说不清皇帝的意志肯定是错的，或者不符合儒家伦理的。所以，理性选择的结果，人们更多地趋向于顺从皇帝。就算皇帝真的错了，而且大错特错，但反抗的结果，往往是自己和家人悲惨遭遇。未来的好评，很难抵消现实的悲剧，所以，历朝历代，做冒死诤谏忠臣者都是少数。

所以，皇帝行为的不确定性，实际上必然会被传统的统治术放大。而这种不确定性，也势必引发官员行为的投机性。官场机会主义盛行，也就是不可避免的了。每个朝代，都免不了机会主义，即使所谓明君当朝，也是如此。迎合明君“英明”，比如纳谏的行为，像魏征那样拼命提意见，实际上，也是一种机会主义。只是，这种机会主义的后果比较好而已。所以，中国尽管有两千多年官僚制的传统，但理性官僚制度，却一直都没有建立起来，官场机会主义，当然也难以得到官场内部的遏制。

君主制的近代转型，其实都是从限制君权，具体地说，是限制君主行为的不确定性开始的。英国的大宪章运动，被史家视为宪政运动的起点。其实就是英国的贵族和新兴资产者通过跟国王共同签订的一个宪章，限制国王无度的征税。此后一步步对君主权力限制越来越多，最终发展成为君主立宪制的国家。作为中国立宪运动摹本的“一战”之前的德国和日本，当时还没走到英国的境地。但也有了宪法和议会。日本的天皇，大权在握，但毕竟有宪法，而且帝国议会对“预算和法律有‘协赞’权”。[1]事实上，只要有议会和宪法，君权就会受到一定程度的限制。别的不讲，行为的随意性就会大大减少。实际上，当年德国和日本的立宪，限制君权只是一个次要任务，更重要的任务是减少君主行为的不确定性。君主如果不是像日本天皇那样，深居简出，较少发表意见，就是像德国皇帝那样，必须在法律之下行动。同时，由于建立了理性的文官制度，文官的行为主要依据法律和自身的规则，可以最大限度地减少官场上的机会主义。

清末1905年开始的预备立宪，同样也有一个限制君权，规范君主行为的目的。这不仅是士绅的需要，也是当时多数官员的需要。1904年日俄战争之后，中国朝野立宪呼声之高，是皇帝和太后无法置之不理的。也正因为如此，以西太后为首的满清统治者才会妥协，答应实行预备立宪。

---

[1]（日）升味准之辅:《日本政治史》第一册，第222页。北京，商务印书馆，1997。

作为西太后派出考察各国宪政的核心人物的端方，回国后写的《列国政要》，推崇意大利宪法，但上折建议实行立宪，却是仿效日本。[1] 而在宣布预备立宪之前，进宫给太后和皇帝讲宪政的留学生曹汝霖，讲了半天，也主要是讲日本的宪政状况，还特别提到日本的宪政，实际上是学德国的。[2] 后来，出台钦定宪法大纲，成立准议会资政院，都是比照着日本。当然，从端方到西太后，之所以学日本和德国，主要是因为这两国的所谓立宪，君权比较重。在西太后和端方看来，即使立宪，皇帝还是大权在握。大清国，只多了点东西，没有少什么。

但是，预备立宪一旦进入行动程序，各省的准议会谘议局和中央的准国会资政院一成立，事情就变了。尽管资政院的大部分议员都是钦定的。但人们发现，君权包括代表君权的各省督抚之权，还是被大大地抑制了。督抚想增加点税，居然怎么都不行了。资政院居然多次提出议案，弹劾代表君权的军机处。即使顽固势力发动反击，京师大学堂的监督刘廷琛反过来弹劾资政院，竟然也无法削减资政院的火力。如果不是当家的满人亲贵胡来，执意收权，得罪了全国的士绅，以致于辛亥革命发生，皇帝被推翻，中国的宪政，早晚会走到英国的道路上去。

对于中国这样的国家，官场的机会主义无疑是一种强腐蚀剂。小官迎合大官，大官迎合皇帝。行政行为，不管面说得多么好听，终归只为了讨上面的好。投其所好，变成了流行病。最突出的表现，就是大兴土木，横征暴敛。这样的行为，只要是皇帝喜欢的，臣子肯定会玩命地推行，即使惹出民怨，官逼民反，也在所不惜。清末的皇权，比起清朝中期，已经相当衰落了。但官员们对于当家的西太后，只敢在一些小事上，比

---

[1] 张朋园：《中国民主政治的困境 1909–1949》，第 42 页。长春，吉林出版集团，2008。

[2] 曹汝霖：《曹汝霖一生之回忆》，第 50 页。台湾，传记文学出版社，1980。

如护军和太监冲突案上，有所诤谏。凡是西太后比较在乎的大事，比如甲午年她的六十大寿，即使在国家危机之际挪用了海军经费，也没有人说半个不字。反而纷纷拿出钱来，报效太后，抓紧机会拍马屁。连有外国人担任的总税务司，也学会了中国人这一套，捐钱给西太后过寿，让西太后乐开了花。

这样的机会主义，具体过程就是，首先要体会上面的意图，只要摸准了意图，确定上面有这样的偏好，有这样的意图，哪怕天塌下来，我也照样做。做了等于挖坑埋了上司，但这个坑当时却非挖不可。当然，这样的官场机会主义，最大的受害者，其实是民众和国家，王朝颠覆，人死大半,国家多年积累的财富毁于一旦。以后多少年,都恢复不了元气。

进入民国之后，袁世凯在错误的集权道路上越走越远。当他的权力接近皇帝之际，他的意志，就再一次变成了全体官员的意志。当他要称帝的时候，很多人明知道可能是陷阱，但却没有人提醒他。机会主义又一次大泛滥，举国上下，一致拥戴。各省传到中央政府的拥戴书，都是一模一样的。等到他真的跳进了陷阱，才发现根本不是那么回事，可是已经晚了。

中国的历史告诉我们，无论官场的机会主义危害有多大，只要最高统治者的行为没有纳入法律之下，接受宪法的约束，可以依着自己的性子胡来，以自己的好恶决定官员的升迁。那么这样的机会主义，就永远消除不了。不管政体是帝制还是共和，机会主义就是机会主义，在什么时候，都可以挖坑把最高统治者埋了，毫不怜惜。

客观地说，如果是一个传统的农业国度，这样的机会主义危害还小点。因为，中国的社会基础在农村，而农村基本上是自治的。官场只要不大折腾，农村都能自己运转。但是，如果这样的机会主义搁在一个走向城市化和现代化的国家，恰好这个国家的政府权力还超大，科举制不健全，官员又缺乏士大夫伦理的约束，官场机会主义，只能比古代为祸更烈。官员迎合式的折腾,小则危害地方,大则坑害国家。一个政策出台，没有修正剂，没有刹车装置，动辄上千亿、几万亿砸出去，等到发现错了,已经铸成大错,无法挽回了。在这样的情况下,能刹车的只有一个人，或者最高层的几个人，而车轮启动，恰好是迎合了最高层的偏好。那么指望来自最高层的刹车制动，当然是不可能的。

权力集中在一个明君身上，如果这个明君足够地明智，有充分的雄才大略，的确可以高效地实现很多大目标。但是，这样的时代已经过去，今天的世界,是一个自发自生的世界,对政治领袖的要求,不是雄才大略，英明决策，而是不犯或者少犯错误，尤其不犯大错误。最大限度地遏制官员的机会主义，眼睛向下，以民众的利益为政治的出发点。从这个意义上讲，以规范领导人行为，减少领导人行为不确定性的宪政，是无论如何都不可或缺的。

实话与权力

如果泛义地讲，权力是无所不在的。从这个角度理解，权力无非就是支配力，只要有能力支配他人，就意味着拥有权力。然而，我们今天讲的权力，仅限于政治领域，只讨论由于强力或者政治制度规定了的支配和被支配关系。

中国有两千多年的帝制历史，如果加上此前的王制时期，中国三千七百多年的历史，就是帝王将相的历史。这个历史里，虽然有“民”，有“氓”，有“黔首”，但民众在历史里，只是一团模糊的身影。历史，就是支配者的历史。也就是说，历史的叙事，只是权力支配的叙事。今天的人们，比较喜欢说权力异化这个概念。但是，其实没有什么权力异化这回事。支配者使用权力，如果没有顾忌和障碍，百分之百都是趋于无限扩张的，最终，都让人受不了。

中国历史上的统治者，权力的来源，都是强力，或者说暴力。以马上打天下，是一个通则，任何人不能例外。即使通过宫廷政变夺天下，背后也是武力，没有武力的支撑，就没有逼宫，更没有政变。但是，马上打天下，不能以马上治之，也是一个统治的通则。以武力运作的方式统治，无一例外，都是短命的。即使像中世纪蒙古这样世界公认的强大军事力量，按武力模式统治，也就维持了不到百年。五代十国军阀统治时期，五个朝代，总共五十一年，平均每个朝代十年多一点。皇帝宝座传到儿子，屁股没坐热，朝代就倾覆了。被支配者民众的活动，在平时没有多少记录，可一旦民不堪命，民变蜂起之时，模糊的民，就成了主角了。

也就是说，权力可以用武力夺取，但如果权力的使用不讲道理，没有节制，那么，二世而亡，就是迫在眉睫的现实。反过来，恰是这个严峻的现实，才使得权力的拥有者，对于使用权力要讲道理，有所节制。

讲道理，有两个层次的内容，第一是大道理，按孔子的说法，是仁政，孟子解释说，之所以要行仁政，是因为“民为邦本”。就是说，民是统治者的最大资产，没有了这个资产，就成了穷光蛋，孤家寡人，也就没本钱统治了。第二是有什么说什么。首先是把事情应该怎么办的道理原原本本说出来，不打埋伏，实话实说。其次是不隐瞒实情，不对上级搞信息封锁，尤其是不能蒙蔽皇帝。所以，讲道理，实际上就是说实话。

没有一个皇帝喜欢被人蒙蔽，没有一个皇帝嘴上不说喜欢臣子说实话。而且，只要实话说得比较多，王朝就兴旺，实话没有人说，谎言充斥，王朝就注定衰亡。但是，现实的王朝政治，实话实说，还真是个难事。犯颜直谏，在史书上绝对是美德，但在现实中，却非常稀少。固然，像秦二世那样，被蒙蔽到鹿马不分，对外界的真实情况一无所知；像明熹宗那样，只顾埋头嬉戏或者做木工，外面的事情不闻不问，应该属于极端状况。但是，完全不被蒙蔽的皇帝，还真的就不存在。尽管，韩非子教了好些不被蒙蔽的权术高招，帝王们很听话地照搬施用，同时，用雷霆之怒，严酷的刑责，惩罚欺蒙者，但是，还是消弭不了被欺蒙的可能。不仅皇帝如此，每个上级，也都如此。一级蒙一级的可能性，永远都存在。

这是因为，拥有支配性权力的人，本能上不喜欢实话实说。人性的弱点，就是目好好色，耳喜恭维之声，说白了，就是喜欢听好听的话。文明程度越高，这样的弱点就越是明显。人人都知道，良药苦口利于病，忠言逆耳利于行。但大权在握之辈，听得进逆耳的忠言，都是被迫的。中国历史上，汉唐并称盛世，简单地说，就是这两个朝代，对实话容忍度高一些。但这个高容忍度的前提，是因为这两个朝代，前面的朝代都是二世而亡。殷鉴不远，不容他们不谨慎。

在帝制时代，君主或多或少能够纳直言，听得进意见。或者说，按照实话的逻辑，对权力的行使有所规范。客观地说，是因为他们的权力，有一些有形和无形的限制。第一种限制，是大道理的限制。中国大一统帝国的建立，凭借的是法家思想。但是，法家思想利于打天下，巩固江山却不灵。所以，后世皇帝独尊儒术的选择，等于承认在最高权力之上，还有一个更高的道理的存在。在政治上，“皇权接受一个更高的意识形态的指导制约，士人官僚的‘规谏’构成了制约皇权、调节政治的重要机制。”[1] 大道理不仅要放在庙堂之上，而且需要通过士人官僚不断地实话实说，才能对君主的权力构成制约。

第二种限制，是制度。王朝的制度，都是经君主同意确立的。权力的行使，要按制度的轨道走。这里本身，就蕴含着对权力的制约。汉文帝时，发生在廷尉张释之身上的一个故事，非常耐人寻味：“顷之，上（指汉文帝，笔者注）行出中渭桥，有一人从桥下走，乘舆马惊。于是使骑捕之，属廷尉。释之治问。曰：‘县人来，闻跸，匿桥下。久，以为行过，既出，见车骑，即走耳。’释之奏当：‘此人犯跸，当罚金。’上怒曰：‘此人亲惊吾驾，马赖和柔，令它马，固不败伤我乎？而廷尉乃当之罚金！’释之曰：‘法者天子所与天下公共也，今法如是，更重之，是法不信于民

[1] 吴宗国主编：《中国古代官僚政治制度研究》，第 56 页。北京，北京大学出版社，2004。

也。且方其时，上使使诛之则已。今已下廷尉，廷尉，天下之平也，壹倾，天下用法皆为之轻重，民安所错其手足？唯陛下察之。’上良久曰：‘廷尉当是也。’”[1]皇帝可以自己执法，把惊了你的马车的人杀掉，但如果交给廷尉（汉初主管司法的官员），那么就是进入了司法和制度轨道，就得按法律和制度办。这就是制度的制约。后世史家，公认汉唐的制度有其优越性。其优越性，很大程度上在于它的集体决策机制，任何重大决策，必须经过朝廷重臣的集体讨论，朝议和廷争，才能拍板。在这个过程中，参与者可以实话实说，而不必担心受惩罚。即使形成了决策（诏令），某些专门的机构，比如门下省，也可以封驳，即打回去重议。而御史台的谏官，也可以提意见，让皇帝回心转意。

当然，对皇帝权力最大的限制，是士大夫官僚群体。自汉朝之后，官僚基本上由儒家士大夫担任。而儒家士大夫，一向以儒家伦理的阐释者自居，有修齐治平之志。为帝王师，是他们生活事业的最高境界。也就是说，他们自以为有引导、规劝君主的使命。反过来，君主一般也以“与士大夫共天下”为信条。接受指导，接受规劝，是一个“明君”的基本形象。就情势而论，大一统的帝制国家，皇帝必须依靠官僚们来统治天下，如果没有官僚的协助，他将寸步难行。所以，必须接受官僚体系的制约。

显然，这三种限制，之所以能成为限制，关键是皇帝本身还有所忌惮。担心自己做了亡国之君，担心祖宗江山亡于顷刻，也担心因为自己的行为不当，留下万世的骂名。如果他像隋炀帝那样，觉得即使是跟士大夫们比才学，他也该做皇帝，觉得自己无所不能，如果他像秦二世和明熹宗那样，根本没有长大，心智停留在儿童状态，一味贪玩，专心胡闹，那么，他在理论上，就可以无法无天了，任何限制，都对他不起作用。人性的弱点，威力巨大。作为君主，就本心而论，他们其实更乐意不受限制，不听规

---

[1]《汉书》第八册，第 2310 页。北京，中华书局，1962。

劝，任着自己的性子来。选择接班人，是皇权政治的头等大事。皇帝选择接班人，按规矩是一回事，论喜好则是另一回事，一种不讲道理的胡来。但是，从汉朝开国皇帝汉高祖开始，就喜欢这样胡来。原本已经按规矩，定下了皇后生的长子刘盈为太子，但他晚年偏爱宠妃戚夫人，非要废掉刘盈，立戚夫人生的儿子为太子。御史大夫周昌是个结巴，闻讯只会结结巴巴地抗议，"期期知其不可"，"期期不奉诏"。[1] 但能说会道的儒者叔孙通，则说："昔者晋献公以骊姬故废太子而立奚齐，晋国乱者数十年，为天下笑。秦以不早定扶苏，胡亥诈立，自使灭祀，此陛下所亲见。今太子仁孝，天下皆闻之；吕后与陛下攻（共）苦食啖，岂可背哉！陛下必欲废嫡而立少，臣愿先伏诛，以颈血污地。"最后打动了刘邦，收回成命，缩了回去，说换太子不过开玩笑而已（"吾特戏耳"）。[2] 显然，如果不是出于害怕亡国的担忧，秦亡的阴影作祟，即使聪明如汉高祖刘邦，也一样会任着性子，听自己喜欢的女人的耳边风，擅自改动继承人。而且一干到底，不管大臣们的劝阻。

所以，我们看到，在整个帝制的历史上，尽管君主们知道，实话实说对他们的统治有莫大的好处，但他们却一直在做一种反向的努力，尽力削减人们说真话、说实话的空间。所以，即使在唐朝，也是苏味道这样的模棱宰相做得比较长。而李林甫这样诸事顺着皇帝说，事事逢迎皇帝的宰相，干得也是风生水起。李林甫这样的人，不仅自己不说实话，也不许别人说，让谏议之官去学御马监的仪仗马，一声不响。我们伟大的诗人杜甫，在担任左拾遗（皇帝身边的谏议官）时，就因为多了句嘴，丢了乌纱帽。从盛唐到晚唐，皇帝也一直在降低宰相们的官衔，好让他们没那么大的资本，跟自己争吵。进入宋代，一直在皇帝身边，坐而论

---

[1]《汉书》第七册，第 2095 页。北京，中华书局，1962。

[2]《汉书》第七册，第 2129 页。北京，中华书局，1962。

道的宰相们，忽然之间，就没有了座位。有种说法，是宋太祖做皇帝的时候，前朝降臣范质为相，欲有文字进呈，宋太祖说："我看不清，你走近点。"偷偷令宦官把范质的座位撤了，从此，宰相上朝无座。也有材料说，其实就是因为范质故意谄媚，自己不要座位，开了一个恶例。近世著名文史学者陈登原先生认为，宰相没有座位，就是"由于范质之逢迎"。[1]但是，这样的逢迎，跟皇帝的喜好，有着密切的关系。作为范质这样的宰相，不敢在皇帝面前有座位，其实是出于皇权的无形压力。

到了明代，一身流氓气的开国皇帝，把宰相也给废了。而且开创了帝制国家特务政治的先例，设立锦衣卫、东西厂，走法外的轨道，口衔天宪，随意迫害群臣。御史台（明代叫都察院）里再也没有了专门给皇帝提意见的谏议官，御史只对下，不对上。而继承明制的清代，自负的皇帝，连士大夫修齐治平的权利都给剥夺了。在他们看来，治国平天下，是皇帝的职责，跟士大夫有什么相干。士大夫以天下为己任，就是跟皇帝争天下。甚至，传统的士大夫对儒家经典的解释权，也被皇帝收去。乾隆皇帝解经，被拍马屁的臣子奉为经典之上的经典。后来的臣子读经，只能按皇帝意思来，越轨，就是离经叛道。为了让士大夫们彻底闭嘴，清代的文字狱，一个接一个，在动辄获咎的情况下，士大夫们只好去做朴学，埋头考据。在这种根本不让人说话的政治气氛里，乾、嘉、道三朝元老曹振镛的名言，多磕头少说话，成为清代臣子们必须遵行的准则。很多臣子，把磕头当成了健身体操，每日练习。在清朝，磕头甚至是一门功课，一门技术，需要前辈来传授的。所以，做臣子的，大道理是绝对不能讲了，要讲，也得皇帝自己讲。即使皇帝垂询，臣子们也只能就皇帝的意思，说一点技术性的话。皇帝要求臣子的，只是做事。别妄想做大臣，只能做奴才。甚至到了晚清，大清江山都需要靠在野的士大夫练乡团来拯救了，

[1] 陈登原：《国史旧闻》第三分册，第87-88页。北京，三联书店，1958。

在西太后的评价体系里，能做事，还是对臣子的最好褒奖。

君主的专制程度越高，人们说实话、说真话的空间就越狭窄。当君主可以肆无忌惮地凭一己的好恶，甚至一时性起，一时的气愤福人祸人，势必会引来越来越密集而高调的逢迎和奉承。君主如此，坐镇一方的高官，也是如此。人性如此，只说好听话的人，在权力场中，会得到好报，官场中人，会自动地用马屁来换取他们需要的一切。而不会，也不乐意这样做的人，就越来越被疏远。被马屁灌饱了的人，一般来说，都会出现两种病症：一是自我膨胀，觉得自己无所不能，无所不知；二是不大能容忍与自己判断不同的意见，至于刺耳的实话，则更是要暴跳如雷，继而大张挞伐。

有了这样的病状之后，一般来说，无论是臣子，还是下属，都不会在他们的耳边说他们不喜欢听的话了。即使不出于逢迎求官求财的动机，有谁乐意讨不自在呢？反过来，这些有权的猛人，也就特别容易被人包围，根本无从了解下面的真实情况。如果还有人想挽回时局，想方设法说点实话，透露一点真实的信息，也只能走迂回路线。把真话和实话，变成一种变相的马屁，迂回地灌进去。举一个例子，光绪六年八月，西太后身边的太监李三顺，奉西太后之命，送食物给西太后的妹妹。出宫时忘记带腰牌，被午门的护军拦下。争吵之中，太监恃宠骄横，把食盒摔在地上，回去禀报西太后，护军无理。结果西太后大怒，非要治一干护军死罪不可。这样的事，明明是护军按制度规定办的，没有过错，但西太后就是偏听太监的一面之词，非要法外加刑，严惩护军。事情一出，朝野大哗。可是任谁来劝，西太后就是不听，固执己见。最后，张之洞上了一个奏折，从爱护西太后，维护宫中安全的角度，来劝西太后，西太后才听进去了一点。任是如此，最后的处理结果，护军虽然保住了性命，但还是受到了惩罚。

后来，甲午之战，中国惨败，为了保住朝廷，不得已推行变法。但是，在很大程度上，就是因为参与变法的谋臣不会讲话，得罪了西太后。一个明明非变法不能自存的局面，西太后就是不管不顾，毅然发动政变，废止了变法，差点将国家推入万劫不复的深渊。

一个国家的政治，若是到了实话不能实说，非得绕着弯子说，迂回地说，把实话变成马屁来说，才能于时局有所小补的时候，政治空气就已经相当恶劣了。这种时候，我们看到，有责任的热血之士，如果还想在体制内做点事，就非得把自己变成八面玲珑的琉璃蛋，变成特别会说话的巧嘴八哥。否则，就只好投身反叛队伍，致力于推翻现实政治了。这是实话的扭曲，但从根本上说，是政治的扭曲。这样的扭曲严重了，离政治塌台，也就不远了。

所以，我们看到，通过对传统政治的考察，没有什么权力异化这回事。权力只要绝对化，就必定是无法无天的。权力是要人来行使的，而人，则是有人性弱点的。古往今来，人们一直期待有权者通过自身的道德修养，实现自我约束，不再放纵权力。但是，迄今为止，无一成功。即使像汉文帝和唐太宗这样的千古称颂的明君，他们的明智，他们的从谏如流，也是建立在对亡国的忌惮上的。而且在骨子里，对犯颜直谏的人，都不喜欢。这一点，从著名的直谏之臣魏征死后的遭遇，就可以看出。历史告诉我们，单凭统治者的明智、大度来容忍实话，尽管实话对他们有利，也是靠不住的。人人都不喜欢一言堂，但都是不喜欢别人一言堂，自己一言堂感觉还是相当爽的。正因为人有这样的弱点，很难靠自己的道德修养克服的弱点，所以，对权力的约束，才是良好政治所必须具备的条件。

从历史上看，作为儒家思想载体的士大夫，他们中的某些人以天下为己任的道德情怀，的确构成了政治中说实话的要素。历朝历代，都有一些不怕杀头，而坚持说实话的人。但是，也正是儒家的性善说的出发点，使得人们在建构制度的时候，始终难以将用制度和法律克制人性之恶，作为重点。总是把制度的最后一道防线，放给人的道德自觉。结果，一次次演出其兴也勃、其亡也忽的历史循环剧。

今天的国人，当然应该继承古之士大夫以天下兴亡为己任的情怀，修齐治平的道德责任感，但是，我们还应该着力修建我们制度的堤防，防止人性中恶的成分在不适当的时候溢出。古今世事大变，古代的人们，也许会想到今天的人类可以轻松地在天上飞来飞去，也但绝对想不到会有互联网，汗牛充栋的书籍，都可以轻松地放到网上，化为鼠标的一点。可是，人性的变化，其实并不大。人性的弱点，是超越国界，超越地域，超越信仰，超越时空，也超越意识形态的。对人性恶的防范，是人类的共同课题，也许，一万年，都还要接着做，未有穷期。

换一个角度谈左倾思潮

左右之分，据说源于法国大革命后的国民公会，有些比较激进的年轻人，总是坐在左边，于是被人视为“左派”。直到今天，欧美的左派，依旧有激进和下层取向的内涵。中国人政治上分左右，始于国民革命，共产党人以个人身份加入国民党后，国民党就分成了左、中、右。在那时，左跟激进一直有不解之缘，中共党史上讲的左倾错误，其特征也是激进，不讲策略，盲动冒进。但是，在改革开放之后，这种情况发生了变化。几次左倾思潮的回归，虽然无不带有浓厚的意识形态色彩，但脱去意识形态外壳，究其实质，左和右的分野，跟近代中国历史上的改革与保守，趋时与顽固，其实很相近。当下，左派的光谱相当复杂，但几次左倾思潮的复归，其发动者所表现出来的特征，基本就是保守派，甚至是顽固派，他们不希望改变，不希望改变既有的规则，既有的运行轨迹。改革出了问题，难以为继，他们“药方只贩古时丹”，一门心思从过去的套路中找解药，认为现在的问题，就是因为今人背离了传统。改革开放三十多年，屡次出现左倾思潮的复辟，每次左派的言论，大同小异，大抵就是这个套路。这个套路，跟当年晚清的顽固派倭仁、徐桐之辈的高论，实在是太相似了。相对而言，我们平常所说的右派，有时倒有激进的意思。

进入近代之后，世界变化很快。但作为后发国家，一个具有古老传统和历史的国家，中国的变化尤其大，可以说是天翻地覆。在中国与西方发生全面接触之前，中国有一个天下，西方有一个世界。我们的天下，天圆地方，有中心有边缘，而我们则居于天下的中心。方位如此，文化更是如此。但西方的世界，则是一个圆圆的地球，没有中心，也没有边缘。特别要命的是，西方的世界，有一个正在发育的资本主义体系。这个体系，像海啸一样冲击着整个世界。终于，他们来了，西方用他们的坚船利炮，把我们的天下打碎，拉着我们进入他们的世界。

他们的世界，不仅用枪炮征服了我们，而且用轮船、火车、电线征服了我们。不管保守的士大夫怎样痛心疾首，嫉洋如仇，当中国的土地上，出现第一条洋人修建的铁路时，朝廷还将之买下拆掉，但普通百姓，却对这样一些实用的洋玩意儿，表现出空前的热情。只要有这个财力，人们很喜欢乘坐轮船和火车。有机会拿枪造反的农民，不论多么的土，都不排斥洋枪洋炮。中国人，虽然没有意识到西方强大的物质力量背后，其实有制度和文化的支撑，但对这个物质力量本身，却很难抗拒。

当然，抵制洋货的官僚士大夫，其实很少像徐桐那样，身体力行，一点洋货不沾。他们对于西方先进器物的抵抗，总的来说，是比较勉强和微弱的。真正的抵抗，发生在制度和精神层面。客观地说，西方的世界，对中国古老的文化所产生的冲击，无疑是巨大的。当年决意西化，脱亚入欧的日本，一度线装书大批被丢弃的惨状，也曾令汉学家们痛心疾首，如丧考妣。作为亚洲儒家文化之源的中国，在屡屡的文化受挫甚至受辱面前，怎么可能无动于衷？但现实就是残酷的，幻想仁义忠信可以当干戈舟楫的倭仁，最终发现，仁义忠信还真的当不了干戈舟楫。无论儒家伦理把人心改造成什么样子，在西方的坚船利炮面前，都无济于事。

多数的顽固派，无论古今，其实对西方的物质文明，都是服气的，很多人只是幻想，能否用一种精神力量来抵御这个文明。倭仁想的是仁义忠信，徐桐想的是义和团的刀枪不入法术，更后来的人，则幻想某种思想的巨大力量。当然，精神战胜物质的幻觉，很容易在现实面前破灭，所以，后来的顽固派，则退守第二道防线，死守制度和精神文化的战壕，不许变革。从晚清开始，这些人就觉得西方的优势，无非是以物骄人，借强大的物质力量压人，而在制度和精神文化层面，并没有可以服人的东西。在文化层面上对西方加以蔑视，是顽固派一贯的做派，也是他们一以贯之的一厢情愿。

李鸿章讲的三千年未有之大变局，今天并没有结束。中国红色革命的发动者，在引来列宁主义这个火种的时候，他们是激进的变革者。从不耽于害怕变革的动荡，勇于探索一条现代化的新路，取得成功之后，更是开始空前规模的现代化建设。可是，这条印有苏联模式的道路，自身存在许多的问题，一旦主政者发现这条路有了问题，勇敢地改道市场路线之后，传统的改革与保守的纷争就又被激活了，只是以新的概念、新的方式重现而已。一旦时机成熟，保守和顽固的势力就会抬头，凭借各种有利因素，在社会上搅起很大的风潮。

在转型的路上，中国人已经走了一百多年。今天的中国，已然跟西方一起，进入21世纪。中国人的衣食住行，市场行为，从硬件到软件，跟西方已经没有任何的不同。今天中国人身外之物，跟西方人没有任何的区别，连我们住的房子，用的家具，都是西式的。中国对西方的文化，大多数精神产品，也都有了深度的了解。好莱坞的大片，已经成为中国院线的主打产品。连一向陌生的人权、隐私等观念，都深入人心。但是，保守派的观点，却奇怪地跟他们的前辈出奇地一致。他们依旧顽固地坚持，西方的优势，仅仅在于物质文明。即使这个优势，不用学习西方，如果中国人能发扬自己的传统（首先是革命传统），也一样可以超越。

过去的顽固派和今天的极左派，其实是可怜人，无非是不想改变，或者回到过去。他们对变化，有着莫名的恐惧，他们是害怕因变化失去或者已经失去的人。长期的教育，让他们形成了对传统，包括革命传统的强固连接。尤其是某些体制内的左派，离开了这个传统，他们就没有了生存的依托，或者说赖以骄人的资本。如果说，晚清的顽固派，对于自己的信仰，还有的具有某种真诚，但今天的体制内左派，固执地眼望过去，其实背后无不有自利的功利动机。

固然，中国在外人看来，是个保守的国家，但保守的势力却并不天然拥有群众基础。改革三十多年，几次左潮涌动，几乎次次都不得人心。主张改革的人，未必事事合民众的口味，但保守的顽固势力，也只是在特定的政治环境里，才好兴风作浪。由于改革本身的问题，转型的公平和公正没有很好地落实，没有得到改革红利的民众众多，感到失落的人众多，不满意的人更多。也有很多人，基于文化积习，习惯向后看，以怀旧抒发对现实的不满，但这些人却未必是左潮的天然群众基础。左潮的掀动者，固然能借助于一些过时的革命口号，打出民族主义的大旗，打动一部分民众。但他们跟受损的民众之间，却很少有利益链接。不仅体制内左派，不肯为民众做事，就连公认的草根左翼领袖，也无此兴趣。

不可否认的是，不管是过去还是现在，主张改革之人，话语权的确要大一些。因为他们的主张，顺应了世界的大势。改革与保守之争，持续了这么多年，从晚清一直延续到今天，保守一方，说来说去，无非是老调子。他们之所以能折腾出事来，几乎每次都是要靠权力的动摇和默许。一百多年来，尽管中国一直在走向世界，期间也有倒退和曲折。有些时候，统治者对于中国向何处去的问题，也会产生犹豫。而上层的权力之争，更会使改革进程复杂化。每当这种时候，保守的逆流就会回光返照。晚清自甲午战争之后的改革进程，之所以出现戊戌政变，进而庚子之变的大倒退，在很大程度上，是因为西太后和光绪二人出现了权力之争，被顽固派利用。权力之争，被披上意识形态外衣的时候，往往意味着灾难。改革开放后的中国，也是如此，只有当局在前进道路上三心二意、犹豫不决的时候，左潮才会借势而起。

本来，人类已经走到了21世纪，各种声音、各种主张，都冒出来是个好事。观念的多元，意见的多元，是一个国家的福分。如果当局能审时度势，制定规则，提供平台，能允许各种意见平等地讨论。尽管中国民众教育程度不高，但道理还是会在辩论和讨论中明晰化。如果有人不愿意出来讨论，动辄喊打喊杀，自然会被淘汰。若要站得住脚，自然要摆事实讲道理。进入网络时代，世界变化太快，政党需要与时俱进，政党的意识形态也需要与时俱进。实事求是，一直都是当今执政者赖以成功的法宝，面对已经跟现实情况不符的意识形态的某些提法，理所应当加以改进。

跟当年被拉进西方世界的中国不一样，走到今天，中国早已进入了他们的世界。跟世界接轨，既是政府和民众的愿望，也是一个不可逆转的事实。如果说，当年被拉进他们的世界，我们只能做一个小伙计，今天，则切实有了掌握主流话语，进而参与制定议事规则的资格。这个资格的大小，既取决于国力，也取决于我们的话语能力。从这个意义上说，他们的世界，也就成了我们共同的世界。其实，即使我们不乐意走向世界，事实上也是不可能的。世界上还存不存在世外桃源我不知道，但至少中国是不可能自外于世界的。

虽然说，一百五十多年来，那种想把中国拉回去开倒车的思潮，不管多么嚣张，都只是昙花一现。但在这一现中，一样可以造成巨大的破坏。也许，再过一万年，持可笑理由的顽固派，都还会有。哼哼今不如昔的九斤老太，还会继续哼哼。改革开放以来，每次左潮来袭，善良的人们都是想将之隔离在政治领域，但却每每对经济造成恶的影响。但愿，这样的冲击会梯次性降低，不要让政治风波危及社会和经济，进而造成全局的动荡。

历史告诉我们，左潮泛滥，害人害国，中国最大的危险，就是这种不合时宜的向后看的思潮。

图书在版编目（CIP）数据

张鸣说历史：重说中国古代史 / 张鸣著 . —北京：群言出版社，2014.11

ISBN 978-7-80256-608-8

Ⅰ . ①张… Ⅱ . ①张… Ⅲ . ①中国历史－古代史－文集 Ⅳ . ① K220.7-53

中国版本图书馆 CIP 数据核字 (2014) 第 194292 号

责任编辑　李　群
装帧设计　王　鑫
出版发行　群言出版社（Qunyan Press）

地　　址　北京市东城区东厂胡同北巷 1 号 (100006)
网　　站　www.qypublish.com
电子信箱　qunyancbs@126.com
总 编 办　010-65265404 65138815
发 行 部　010-65263345 65220236
经　　销　全国新华书店
读者服务　010-65265404
法律顾问　北京市君泰律师事务所

印　　刷　北京雁林吉兆印刷有限公司
版　　次　2015 年 1 月第 1 版 2015 年 1 月第 1 次印刷
开　　本　787×1092　1/16
印　　张　18
字　　数　147 千字
书　　号　ISBN 978-7-80256-608-8
定　　价　36.80 元